# 愿你一生努力，一生被爱

刘闯——著

中国工人出版社

最好的爱情不是两个人捆在一起，

而是彼此自由，又互相依靠，

你知道他不会走，他也知道你不会离开。

路是自己走出来的，
所以当你想去做一些什么事情的时候，
一定不要太纠结，果断地迈出第一步，并一步步走下去，
你的未来才有可能更加精彩。

独立的姑娘在生活里不会依靠任何一个人，

无论贫富，她们会凭借自己的能力去追求喜欢的东西，

总能过得开心快乐，散发着无穷的魅力。

当你选对方向，找准位置，
勇敢地为自己的梦想拼搏时，
仅凭这个过程，
就会给你带来莫大的安全感。

越是能力强的人，越是好脾气，

他们明白发脾气是无法解决任何问题的。

解决问题的唯一办法就是去面对它，然后冷静地解决掉它。

你难过的时候，

总会有人似春风般爱着你，

愿你以善意拥抱这个世界。

一定要有别人无法拿走的东西，
独立的思想、人格，以及一颗永远向上的心，
毕竟用力生活才是人生的常态。

目录<<
CONTENTS

## Part 1 余生很短，要和有趣的人在一起

## Part 2 你不优秀，认识再多优秀的人也没用

## Part 3 比单身更可怕的是失去自我

## Part 4 岁月很长，别回头，别将就

## Part 5 不要期待痛苦离开，你必须自己走开

# 余生很短，要和有趣的人在一起

**Part 1**

如果两个人在一起

只是为了搭伙过日子

没有爱情

没有感动

日复一日年复一年

过着死水一般沉寂的日子

你舍得这般亏待自己吗

余生很长

愿你和一个宠你的人在一起

一屋两人三餐四季

就这样

一辈子

## 再忙的心，也对在乎的人有空 <<

年轻的时候，我们开始一段新的感情，总会对此抱有很高的期望值，那时候觉得轰轰烈烈才算真爱，平平淡淡多没意思。幻想很多，可后来，失望也很多。

后来，慢慢地也开始明白了，对于爱情，我们根本不必苛求太多，只要能有一个肯花时间陪自己的人，就足够了。毕竟对于感情而言，最宝贵的就是时间，浪漫情话和山盟海誓都抵不过踏踏实实的陪伴。说再多浪漫的情话，都不如把时间花在自己爱的人身上。感情就是这么简单，要和舍得为你花时间的人在一起。

我曾经听过很多爱情故事，有让人羡慕的浪漫结局，也有让人很生气却很心疼的悲剧结局。当然，人世间不是所有的爱情都会有好的结果。很多人在刚开始一段感情的时候，出发点就不对，他可能只是想找一个能在无聊的时候一起消磨时间的朋友，从没有想过未来的生活。有空的时候就和女孩聊上几句，没空的时候就像人间蒸发了一样，纵使女孩打爆他的电话，他都不会给一句回复。这样的男人，根本不是在谈恋爱。担当、责任和他都不沾边儿，而他的这种态度到最后一定会深深地伤害那个爱他的人，他根本没走心，而她却爱得死去活来。

其实感情最怕的就是这种，到最后必然是让人生气又心疼的悲剧。不过，我们身边也有另一种人。不论什么时候，只要你说饿了，他都会很快给你送来吃的；你说想看场电影，他会买好票去你家楼下等你；你说睡不着，他愿意陪你聊到很晚。他对你好，对你有求必应，或许某一天，你会产生疑惑，他是不是每天都很闲？

才不是呢，他可能会忙得顾不上吃饭，只是对你愿意花时间，一直有空。假如你身边有一个对你一直有空的人，你要好好珍惜。你要明白，他愿意为你花时间，就意味着他愿意为你付出。

安安的男朋友是一家创业公司的总经理，他对安安百依百顺。

安安特别喜欢吃杧果。有次周二她休班，本来打算和男朋友一起出去吃饭，但是她怕耽误他的工作，就没提这件事。然后她在家追韩剧，剧中的女主角吃了一个杧果，这下好了，完全将她的馋虫勾了出来，但是正巧家里没有，她又懒得出去，就只能忍着。

虽然吃不上杧果，她也想过一把“说杧果”的瘾。于是就在朋友圈发状态，“想吃杧果，想喝杧果奶昔，想吃杧果味的蛋糕”，下面配了几张图，就扔下手机继续看电视了。

大概一个小时以后，男朋友打来电话说：“我在你家门外，帮我开下门。”

安安正纳闷，他怎么有空过来。刚打开门，就看到男朋友左手拎着一袋杧果，右手握着一杯奶昔。他笑着走进门，笑着说：“我跑了几个地方，没买到蛋糕，你先吃杧果和奶昔吧，改天再带你去吃蛋糕。”

安安一瞬间又惊又喜：“今天是周二，你不忙吗？我记得你说过周二是产品上新日呢！”

“忙啊，不过我虽然很忙，但对你，我永远都有时间，就算我回去加班到深夜，也没关系啊！”

真的好感动啊，对你，我每时每刻都有空。

生活就是这样，有美好的事情，也有与之对立的事实，很多人在感情里常常遇到对方以“忙”为理由。你想和他一起逛街，他却说要加班；你想和他一起吃饭，他却要打游戏；你想和他出去旅游，他却要出差。每次他的时间都和你的计划重合得刚刚好。

其实他也并不是真的忙，只是不愿意为你花时间，不愿意为你们的感情花心思，甚至可以说，他根本不是真的喜欢你。

那些愿意抽出时间来陪你的人，才是最爱你的人；舍得为你花时间的人，才是真正把你放在心上的人。

现在这个时代，试问谁不忙啊？

大家都忙，忙着学习、忙着工作、忙着健身，忙着应酬。有的人对你说忙，也许就是一种推托的借口。如果你的爱人总是以忙为理由不陪你，我想十有八九是你俩的感情出了问题。

我们不奢求对方能秒回消息，但求不要玩失踪；我们不奢求对方每时每刻都能陪伴自己，但求能拿出足够的时间相伴；我们不奢求对方生活里全是自己，但求不会彻底不主动联系。

当然，你要相信，如果一个人真的在乎你，即使他当时很忙，那他事后一定会再找你的，而绝不是你一找他，他就说忙，然后就没然后了。

不过，爱一个人，有回应的等待也是幸福的。

很多时候，对方虽然很忙，但如果看到你的消息，他会打心底感到开心。不论他当时在干什么，都会抽出时间来回复你，和你聊上三两句。对他而言，也是一种继续忙下去的动力，只要你在，他每时每刻都有空。

所以，亲爱的你，去珍惜身边那些肯为你花费时间的人吧！其实他们和你一样，也会很忙，只不过因为感情，因为不想让你失望，所以他们才一直都在。就像不开心时找兄弟喝酒，他分分钟就会出现；比如失恋了找闺密谈心，她二话不说就到你的眼前。

我们也要感恩这样的人，不管是恋人还是朋友，就是因为他们的一直有空，才让我们一直都能感受到这个世界的温暖。

就像这段简短的对话：

“喂，周末忙不忙啊？”

“忙啊，怎么了？”

“没事儿，本来想问你有没有空一起喝杯咖啡。”

“有空啊，咱们老地方见。”

真的很温暖，也很可贵。

## 我所有的主动，都是因为在乎你 <<

因为在乎，所以异地的情侣会主动穿过人山人海去看望他们心中惦记的人；因为在乎，所以我们会不遗余力地努力奋斗，只为了让心爱的人过上体面的生活；因为在乎，所以我们会记得心上人所有的喜好；因为在乎，所以我们可以在感情里一再地容忍对方的缺点；因为在乎，所以我们可以为了爱情，想方设法去讨对方开心……

人与人之间，所有的主动都是因为在乎。

人与人之间的感情，全靠彼此之间的交流，如果相互不联系，再深的交情都会变淡，再美的爱情都会走散。

如今，人与人之间交流起来更方便了，但人与人之间的感情却不再像以前那样深了。不知道有多少人能体会到，很多人在感情里逐渐变懒了。

我们宁愿终日抱着手机看朋友圈动态，也不愿意主动给老友打个电话叙叙旧；我们宁愿每天躺在床上睡觉，也不愿意主动约朋友出来吃顿饭、喝喝茶。主动似乎变成了一种奢侈的行为，我们甚至会觉着主动联络感情会让自己低人一等。

那是因为很多人错把主动当成了巴结。

在爱情中，主动显得更加重要。

很多时候，我们时常用对方的主动程度来判断爱的深度。我觉得这无可厚非，因为很多人都是这样：追求一个人的时候，会很主动，很细心。

可随着时间的推移，感情慢慢变稳。这个时候，对方往往就没有了当时的主动，更有甚者，会变得冷淡。比如，不再约你看电影、吃饭、出去玩，还有可能对你的主动满不在乎。

这样对待你的人，应该是不爱你了，他是在用冷暴力逼你分手。

毕竟，爱你的人，怎么能舍得不主动找你呢？

而那些对你一直都很主动的人，是真的很在乎你，把你放在了心上，不论他的时间有多么紧，都不会忘记你。这样的人，才值得你用一生去珍惜。

小南是大学里校文艺部的部长，而小林是一名吉他手。他们在学校的元旦晚会上相识，小南作为晚会负责人组织大家排练，而小林恰好有节目需要排练，这一来一往，两个人就熟悉了。

小林不仅弹得一手好吉他，而且特别会说话，很受欢迎。

准备节目时，大家会选择在一个特定的空教室排练，没有凳子、椅子，就只能坐在地上，小林每次都会特意为小南准备垫子。而且在每天晚上排练前，他都会主动给小南打好热水。

在小南眼里，小林是一个让人特别温暖的人，而且比较主动。

感情这件事，有时候就是那么奇妙，正是因为小林的主动，两个人后来顺理成章地在一起了。

我们都知道，很多男生一般都是三分钟热度，把姑娘追到手后，就没有了当初的热情与主动。小南也怕这一点，她担心小林在“得到她”之后会变。

小南在两人交往一年后的五一劳动节，对小林说：“再过两个月，我喜欢多年的歌手张学友就要在咱们的城市开演唱会了，我们一起去看吧！”

可是后来，时间一久，小南就忘了买票，也没提前告诉小林要买票。因为都是网上抢票，等她知道的时候，票早已售罄。

她委屈地和小林说：“今年学友哥的演唱会看不了了，我没买到票。”

小林摸了摸她的脑袋说：“你之前跟我说的时候，我就记下了，已经买好票了。”说着，便打开手机给她看购票信息。

“可是，我也没提醒你啊，你怎么记得这么清楚，还主动买好了？”

“傻瓜，因为我在乎你说的每一句话啊，你说的每一件事，我都会牢记在心，你的事就是我的事，我为你主动去做的时候很幸福。”

小南一时没忍住，感动得哭了起来。她想起从最初恋爱到现在，小林每天早晨都会主动给自己准备早餐。想想这一年来，自己是多么的幸福，小林每天都会主动陪自己聊天，她一说不舒服，他不管在干什么都会第一时间跑过来照顾。这种主动的爱，不就是很多人梦寐以求的吗？

有一个在爱情里主动的男朋友，是一件多么幸福的事！

他从来都不会和你冷战，吵架了，他会主动向你道歉；你生病了，他会主动照顾你，寸步不离。

就像小林那样，我所有的主动，都是因为在乎你，每一份主动都是因为我爱你。

如果在感情里遇到一个不懂得主动的男人，不论是哪个姑娘，内心都会无比失望和难过。

小妍的男朋友就是一个典型的不懂主动的人，几乎每次我们聚餐，小妍都会先吐槽一下她的男朋友，她曾问道：“你们有没有想过和一个不懂主动、不懂付出的男人谈恋爱是一种什么样的体验？”

“我男朋友在我面前就是一个典型的大懒汉，不仅在生活中懒，而且他对待我的态度也是极其懒惰和消极的，从来都不会主动关心我。我们在一起这么久，他从来没有主动给我买过一件礼物，哪怕是我的生日，他也只是在我提醒他的情况下，给我发一个 5.20 元的微信红包，真的让人很无语。在这段感情里，我真的太惨了，你们说，他是不是不爱我了？我为什么还要和他在一起呢？”

你看，小妍的经历就是一个很典型的例子。男朋友冷得像块冰，根本不会主动去关心她、去爱她，这样的男朋友也算不上真爱吧！

姑娘，你要相信，真正爱你的人，他永远都不会冷漠你，他会主动来找你，陪你聊天，陪你笑，陪你一起走完余生。

因为在乎，所以才会主动。那些主动联系你、出现矛盾时主动向你言和的人，他们是真的在乎你，你要学会珍惜。

亲爱的，我对你的每一份主动，都蕴含着我对你的爱。因为我在乎你，所以会一直主动下去。

# 白头偕老的秘诀，无非就这两点 <<

前段时间，朋友圈流传着一张这样的照片：爷爷奶奶头发花白，手牵手走在大街上，他紧紧地握着她的手，就像年轻的小伙子一样，生怕喜欢的姑娘走丢在路上。

很多人看到这张照片之后纷纷转发，并配文“不羡慕年轻人的浪漫爱情，只希望老了之后还能与心爱的人手牵手走在大街上，互相搀扶着走完一生”。让人感动，也让人不禁疑惑，怎么样才能像照片中的老夫妇一样，不畏风雨，恩爱一生呢？

因为爱情，两个人才会走到一起。可人生路漫漫，如果想要长久地走下去，并不能只靠看不到、摸不着的情话，更需要彼此真实又深入人心的行动。我们每一个人都能深深地体会到，任何时候，那些不付出实际行动的承诺都是苍白无力的。

或许是受所处环境的影响，越来越多的人不再相信爱情。可不是所有人都有勇气单身一辈子的，现实逼着我们和另外一个人走完余生。有的人比较幸运，因为爱情而走进了婚姻的殿堂；而有的人是因为敌不过生活中的现实，比如拗不过父母，为了让父母放心，选择了一个根本不爱的人，将就着过一生。

我们理想中的生活都是能和爱的人和和睦睦、恩恩爱爱地走完一生，可婚姻生活中的酱醋油茶会慢慢消磨恋爱的浪漫，以致我们不得不费尽心思去经营感情和生活。

感情里任何不顺心的事情都能找到源头，事出必有因，正如我们所知道的，好的生活和好的爱情都是需要经营的，需要我们明白一些客观存在的原因，才能找到解决的办法。只要你想把感情维持下去，想要与对方白头到老共度余生，那就要花时间、花心思去经营感情。

我曾经采访过100对结婚50年以上的老夫妻，我想过来人的成功经验一定有可取之处。

下面，我就和大家分享两点，这两点也是所有受访老人的共同答案。

第一，想要白头偕老，首先你要学会负责。

因为长期从事情感问题的研究，我听过很多爱情故事。

刚开始的时候，我也和大家一样，特别相信爱情里的诺言。我时常告诉自己，对方说过我们永远不分手，我觉着特别幸福、特别安心。

或许你也经历过，他曾经承诺两个人手牵手直到世界尽头，两个人永远不走散，可后来这一切都不敌一句，“我们分手吧”。

说到这里，我想到了前同事小笛和她前男友的故事。他们两个人很早之前就认识了，据小笛说，他们在高中的时候是前后桌，大学的时候，他主动追求的小笛。

“刚开始的时候，我对他真的没有好感，一直都把他当作好朋友，可是后来他疯狂地追求我，还在我面前表现得特别好，看起来完全不像曾经那个不讨人喜欢的男孩子。慢慢地，我开始试着去了解他，考虑再三之后，我觉得他人品挺好的，对我也可以，他还承诺这辈子非我不娶，第一次有男孩子跟我说这种话，当时特别感动，就答应了他。”小笛说。

我问她：“那后来为什么分手了呢？好像你们在一起的时间才两个月。”

她说：“当我答应和他在一起之后，我才发现，原来这个人之前在我面前的所作所为都是装出来的，他根本不懂得对感情负责，在一起的两个月，他变得对我很冷淡。说出来你可能不信，他给我的感觉就是，追到我之后，我就是他的了，对于这段感情，好像就和他没关系了，要靠我一个人去维护。我当然受不了，果断分手了。”

你看，这就是一个很荒谬但很常见的例子。

年龄稍微大一些，眼睁睁地看着一段段感情结束，我才明白，对方许诺时虽是全心全意的，可无法实现的承诺永远没有任何意义。

因为一段长久的感情，根本不在于山盟海誓，而在于实实在在的责任感。不管是男人还是女人，没有责任感的人，嘴里说出来的话，根本不可信。

正如我们在前面说的那样，任何没有行动的承诺，不论他嘴上说的有多么感人，都是毫无价值且不可信的空谈。

**第二，白头偕老的路上，需要彼此的互相付出。**

我们不得不承认一个事实，人都是自私的，这是人的本性，在感情里更是这样。

很多人习惯无偿享受对方给予自己的爱，觉着那是对方应该付出的，是理所当然的，可自己却很少去想着要为这段感情付出些什么。

前段时间在一个活动上认识了肖肖，她给我讲了她的故事。

她男朋友是一个典型的享受者，两个人在一起一年，她一直在为两个人的未来而努力。可他在感情里就像一个主子，毫无节制地享受着她为他以及这份感情的付出，却从来不回应。因为他觉得反正有她呢，她那么努力地付出，一定特别想和他在一起，即使自己不付出，她也不会走的。

她说她很痛苦，问我该怎么办。

我告诉她："如果照这样发展下去，他早晚有一天会离开你，或者你很快就会因为失望而离开。因为你为了这段感情付出这么多，可是你们的关系还是不平衡，而且你会处于弱势地位。"

感情从来都不是一个人的事，它需要两个人的共同付出，这不仅仅是因为两个人一起努力效果好，得到的多，更重要的是两个人都为一件事而付出，不会导致一方心里不平衡，更不会让另一方有恃无恐。

相对于爱情，我更相信亲情。因为随着岁月的流逝，你会发现所谓的爱情，远远没有亲情给你更多的安全感。

当然，好的爱情慢慢地也会变成亲情。就像我们的父母，他们结婚的那个年代，大多数人都互不认识，根本不了解对方，更别说有感情基础，因为媒婆，他们喜结连理，但看看他们的感情并不比现在很多年轻人的差。个中缘由是他们彼此之间的亲情大于爱情，彼此都能担当起各自的责任，都愿意为对方付出。

这一路走来，他对她负责到底，她对他照顾有加。

说实话，对于一个女人来说，她最需要的是一个负责任的男人。从感情的开始直到生命的结束，他一直都在，如此最好。

如果你说，你对你们的未来很不自信，那我劝你好好地做到上面两点。愿意负责和付出，白头偕老就不是奢望。

## 我不喜欢异地恋，可我喜欢你 <<

很多时候，异地恋带来的不是希望，而是绝望。因为你的冷暖他不知，他的艰辛、劳累你也不知道。

当你们隔着几千公里的距离，生活在完全不相同的环境，与不同的朋友圈子里的人谈一场异地恋的时候，你需要更多的智慧。

### 异地恋之情绪处理的智慧

有人说，异地恋可以检测爱情，如果两个人能熬过异地恋，基本上就算患难夫妻了，以后的感情也能经得起风雨。

当然，也有很多人对异地恋持一种悲观的态度，他们认为异地恋到最后都会分手。之所以会有这种看法，或许是因为他们不敢接受异地恋的煎熬，又或许是他们曾经因为异地失去过自己深爱的人。

两个人被时空隔开，彼此可能在相邻的两个城市，可能分散在南方和北方，也可能是南半球和北半球。

当你们隔着手机屏幕跟对方说早安、晚安之前，还要先计算一下时差，或许你刚睡醒，他刚好休息。

你知道吗？异地恋情侣，最深情也最无奈，我的手机 24 小时为你开着，我担心远方的你会突然找我，我怕我不及时回复你，会让你担心，我也怕错过关于你的任何消息。

可手机屏幕是冰冷的，它远不及拥抱的温暖。

每次聊天时，彼此都要找很久很久的表情来描述彼时彼刻的心情，只是想让屏幕那边的他能感受到自己当下的心情，感受到“我在想你，每时每刻都在想你”。

异地恋和普通情侣不同，很多时候恋人只能在梦中约会，在梦中拥抱和接吻，醒来以后，眼眶都湿了，整个房间却还是孤身一人。

对于异地的情侣来说，每天晚上半小时的通话可能是一天中最幸福的事。

每天只能问对方吃的什么，却不敢问吃得开不开心，因为无法陪对方吃饭，哪怕是在楼下的小摊上陪对方吃一碗板面，自己都做不到。

手机上永远都是两个城市的天气预报，明知道对方那边要下雨了，却不敢问有没有带伞，因为相隔两地，无法给对方送伞，更无法冒雨去接心爱的人。

“你说你周末要来看我，我从周一就开始兴奋了。”

有人说，异地恋这么苦，你们为什么还要坚持？

我想这也许就是爱情吧！异地恋的我们不图得到对方什么，只是在默默地等着，静静地守护着。

因为爱很深，所以才有了信任，或者说是信仰，两个人坚信不久的将来也可以像别人一样，在一起吃饭、看电影，最终可以有一个共同的家，此生再无别离。

我知道，很多人经历过异地恋，但是并没有将异地恋成功走下去。

也许有恨，也许有遗憾，但是我想更多的还是对那份感情的怀念。每个人都是这样，喜欢上一个人可能只需要一分钟，但是忘掉一个人却需要一辈子。

曾经为异地恋吃过苦的你，是否还会不经意间地想起他？

路过她的城市，会不会停下来看看你们曾经拥抱过的地方，还会不会去之前她喜欢喝的那家奶茶店坐上一小会儿？如果有机会，多年以后，你还愿不愿意绕很远很远的路跑去接她？

异地恋很苦，这是一个谁都无法反驳的现实。

有的姑娘说，她为了去见他一面，学会了搭乘所有的交通工具；有的男孩子说，他省吃俭用了一个月，只是为了买张车票赶去给她一个拥抱。

虽然异地恋辛苦，但是你要相信它是美好的，你要坚信对方是忠诚的。异地恋本来就很辛苦，不要再有什么猜疑，要好好珍惜你们在一起吃的每一顿饭，说的每一句话，要永远记住，幸福是你们的。

经历异地恋时，想尽一切办法，给你说情话，为你写情书，试图用最暖的话语来温暖你的心，让你知道，远方的我，心一直都在你身边。

每当看到黑夜里的灯火，都会想念你，想你在干什么，今晚有没有好好吃饭，想你平时会不会也像我一样在想念对方。

不争气的眼泪会不知不觉地流下来，但还是要很潇洒地擦去，因为明天还要独立地生活，明天还要去安静地想你、等你。

远方的你最近过得怎么样？只想见你一面，再好好地看看你、抱抱你。

## 异地恋之经营技巧

异地恋很辛苦，但只要学会经营，一定可以很幸福，因为异地恋可以体验到正常情侣无法体会的美妙。

异地恋的美妙，其实很多人都无法理解，也不知道哪里美妙。我觉得只要用心投入在一段异地恋里，你就能切身体会到“明天就要见到他了”的那种期待，一种无比美妙的幸福感觉。

异地恋的感觉，无法用言语将其描述清楚，只有真正经历过的人才能体会其中的刻骨铭心。

不过，我更想分享一些经营异地恋的技巧。

谈一场异地恋有什么注意事项呢？我总结了“三要”与“三不要”，接下来先说说“三不要”。

第一点，异地恋千万不要互相猜疑。如果你们正在异地恋，千万注意这一点。异地恋不能给你足够的安全感，会让你不自觉地去乱想，他没有及时回复消息，你可能会想他是不是和其他人约会了。约好周末要见面，但他没能如约而至，你会想，是不是他不再爱自己了。这种胡思乱想真的很可怕，它会慢慢地折磨你，让你不再相信那个最爱你的人，让你们好好的感情走向分手。

第二点，不要觉得对方主动找你，或者让你多花一些时间陪聊天是一件很无聊的事情。这点在男生身上普遍存在，如果女朋友不在身边，他可能会比较自在一些。虽然平时不会和其他女生聊天，但是却把很多时间和精力用在了打游戏上，或者一些体育娱乐上，以至于觉得异地恋就是见面时卿卿我我，平时只要等着见面那天的到来就行。这样做，会让姑娘特别失望，会让她觉得你根本不在乎她。

第三点，异地恋时，不要羡慕身边那些卿卿我我的小情侣，也不要被那些对你有好感的人诱惑到。你要时刻记得，当你的异地恋伴侣不在身边时，任何一个对你有好感的人，对你的好都能完全胜过那个远在异地的他。为什么呢？因为异地恋最好的感觉是两个人快要见面和见面时，那种对美好和爱的向往不是一般日子能体会到的。

说完了“三不要”，接下来就继续聊聊异地恋情侣要去怎么做。

第一点，做到对对方信任，以及对你们这段感情的信任。当然，不排除当非常相信他的时候，他却出轨的情况，一旦遇到这种情况，建议你什么话都不要说，直接和他 say goodbye。

第二点，对于异地恋，最好的交流感情的方式就是多见面。这或许会有一些困难，但是要努力创造条件，毕竟现在的出行工具那么方便，即使是天南海北，一张机票也能飞到对方的身边。异地恋最怕懒，一旦懒起来，两个人就不愿意再花时间和精力去见面了，两人逐渐会变得无所谓，最后的结果就是走向陌生。

第三点，对于异地恋，更要学会保鲜。正是因为有时间、地域的限制，所以相对普通恋人来说，异地的恋人之间要多用一些小心思去保鲜爱情，这是非常重要的。比如时不时地给对方一个小惊喜，做一些浪漫的事情，或者两个人经常性地订一个旅行计划，这些小事儿对保鲜爱情能起到很大的作用。

最后，想告诉正在异地恋的朋友，一定要有信心！异地恋确实很难，也很辛苦，但是只要两个人同心，都能为这份感情付出时间和精力，整个过程不仅不会太苦，还会让你们觉得很美好，很幸福。

若干年以后，当你们已经修成正果时，再回头看看，会觉得异地恋那几年非常宝贵，非常难忘。

## 没有百分百的爱情，只有互相包容的彼此 <<

上个月，我收到了一封邮件，这位朋友在信中讲述了她和刚刚分手的男朋友之间的故事。

他们两人在一起不到半年时间就分手了。她说，从一开始他们就不合适，总是出现各种矛盾，彼此又都是急性子、暴脾气，互不相让。

只要他们两个人之间出了问题，一定会经历很长一段时间的冷战，因为两个人都不愿意主动言和，这让本来就不顺利的感情岌岌可危。

“要不是我后来选择原谅他，或许这段感情比现在结束得早。因为一点小事儿，他就和我吵架，他根本不懂得如何恋爱，分手对我来说反倒是解脱。而且，这样的感情根本不值得我去珍惜，我们根本不合适。”她在信中说道。

你看，遇到分手，我们总是喜欢把原因归结于彼此不合适，却从来都不会去思考所谓的不合适究竟是哪里不合适，为什么会不合适。

所以，有人就不断地更换恋人，觉得这个人不合适，下一个人一定会合适，这个人不懂得如何爱自己，那下一个人一定明白。我身边就有很多姑娘都是这种心态，她们幻想着有朝一日可以遇到生命中的那个百分之百先生，然后与他携手走向梦一样的生活。

可是，后来却发现，好像那个百分之百先生错过了自己人生的列车，进了别人的生活，好像自己在爱情里只能将就。

于是，她们开始苦恼、疑惑、迷茫，甚至会怀疑自己根本不适合谈恋爱，怀疑这个世界不存在真爱。

其实，这世上哪有什么百分之百合适的人。

前几天，我在商场的咖啡馆写稿，遇到一对情侣吵架，原因很滑稽，仅仅因晚餐吃什么两人就吵红了眼，彼此爆粗口，甚至决定分手。

那天下午，他们两个人刚好坐在我对面，我目睹了他们争吵的全过程。

小伙子说："我们晚上去吃火锅吧，我想吃涮肉了。"

姑娘立刻反驳道：“前几天不是刚刚吃过吗？晚上我不想吃太多，不如我们去吃份比萨吧！到时候你多吃点，我不太饿。”

小伙子好像不太情愿，但也没说什么，不过从他们后来的对话中可以听出小伙子的不满情绪。

姑娘突然生气道：“不就是一顿饭吗？你不喜欢吃就直说，要什么脸色呢？我今天就是想吃块比萨，都答应你了，火锅过几天再吃，你还想怎么样？”

小伙子当时感觉很没面子，就说：“我觉得很多次吃饭，你都是这样，我想吃的东西，你偏不想吃。”

“那你呢，你听过我几次意见？”

小伙子说：“别说了，咱们俩就是不合适，不仅仅是吃饭，平时看电影的类型也不同，以至于经常闹翻。难道你没有发现吗？咱们爱好不同、性格不同，不合适的人在一起开始了一段不合适的爱情！”

那姑娘也被说急了：“对，咱们就是不合适，我真是瞎了眼才会和你在一起。分手吧，快分手，赶紧滚！”

说完，那个姑娘拿起包就走了，小伙子也没追上去。

就这样，两个人因为一件小事发生争执，进而互相批评，最后只能以分手告终。

其实，他们都错了。

明明互相谦让一下就能解决的问题，却非要怪彼此不合适，实在是既可惜又可笑。

我的好朋友小巷和他的女朋友小晴是在公司年会上认识的，两个人在不同的部门工作，小巷做技术，小晴负责财务。

小巷和很多技术员一样，比较宅，平时除了上班就是回家玩游戏、看直播，而小晴的性格恰恰相反，她活泼开朗，爱逛街、爱时尚、爱旅游。

他们看似很不合适，可是相恋一年，感情依然很好，让人既羡慕又不解。

后来在一次聚餐时，他们向大家传授维系恋爱关系的经验。

小巷说："虽然我很宅，可只要她想逛街，不管我玩游戏玩得多尽兴，都会陪她，我不忍心看到她不开心的样子。"

他笑了笑，接着说："其实这也不算委屈自己，玩游戏本就是为了放松，逛街、看电影也能放松身心，可一个人开心，哪儿比得上两个人开心？"

而体贴的小晴也会为了让小巷开心，时常陪他一起看游戏直播。

为了维持这段感情，他们彼此谦让，互相满足，愿意主动去磨掉自己身上的棱角。就这样，看似两个性格完全不合适的人，却成了佳话。

我一直坚信，这个世界上不存在 100% 合适的人，两个人性格不同，爱好不同，并不说明你们不合适。

相反，那些所谓的不合适，大多是你们自己强加上的，是处理事情的方式不对而造成彼此不合适的假象。

只要两个人三观相同，就可以在相处的过程中互相磨合好。慢慢地，你就会发现，你们再合适不过了。

不要因为“不合适”，亲手毁掉原本合适的爱情。

彼此之间多一些忍让，多一些珍惜，多一些磨合，才能拥有无比合适的真爱。

# 这样谈恋爱，不会轻易分手 <<

爱，要刚刚好才最好。

两个人在一起，不能全靠甜言蜜语来维系感情，还要学会一些正确的相处方式。

很多时候，为了追求心仪的人，你可以靠锻炼甩掉身上的肥肉；为了讨对方欢心，你可以扮作小丑。因为爱，我们好像变了一个人。

但是爱情不可能总是一帆风顺，彼此总会有小摩擦的时候。也许，我们昨天还享受着爱情带来的美好，今天就要承受失去爱情的痛苦。

失去了，你才会思考，怎么样谈恋爱才能不分手？

我们早已过了耳听爱情的年龄，那些浪漫的承诺再也打动不了我们。我们开始相信，真正的爱是要用实际行动去表达的。甜言蜜语不如实实在在的行动，一味地承诺未来、幻想未来，不如去做好当下的点点滴滴。

恋爱是门技术活儿，它需要我们不断学习，去修正自己在恋爱时的行为习惯，唯有如此，才能让自己成为一个幸福感十足的人。

那怎么样才能更好地经营一段感情呢？

第一，你要学会给对方带来新鲜感，试着去创造一些惊喜。

我们都是凡人，天生对新鲜事物充满好奇。在爱情里也不例外，即使是灵魂伴侣，也会渴望在对方身上发现新的世界。无论男女，都要多花一些心思在自己身上，比如偶尔换换发型和穿衣风格，让对方眼前一亮，这就是爱情的保鲜剂。

第二，相处时要用心，多给对方一些“恋爱仪式感”。

为什么我们都很怀念热恋期？因为热恋时的两个人时刻保持着为爱情奉献的冲动。浪漫的约会，一起吃饭、看电影、旅行，一起看偶像的演唱会，这些都是很有仪式感的恋爱细节，会让你们对未来充满美好的幻想。

走过热恋期，生活开始趋于平静，彼此之间的缺点也会随之暴露。这个时候，花心思去做一些有仪式感的事情显得特别重要，比如在纪念日时，给对方一些浪漫和惊喜。

总之，你们要想办法为对方找回热恋的感觉，让爱情不断升温。这样经营爱情，想不幸福都不行，哪还有心思吵闹？

第三，千万不要欺骗对方。

不要对他说谎，毕竟对方很有可能“一朝被蛇咬，十年怕井绳”。很多人在感情里都有一个坏习惯，总是以“为了你好”“为了咱们的感情”为由，在面对一些感情问题时，瞒着对方，甚至用谎言来欺骗对方。

或许你的初衷是为了他好，但是有时候欺骗会适得其反。

请记住，不论是爱情，还是友情，最怕的就是欺骗，欺骗带来的伤害是难以抚平的。

第四，学会信任对方，绝不能随意猜测和试探。

不信任是感情的毒药，不但会毁灭原本幸福的爱情，也会扰乱自己的心绪。我们身边不乏这样的例子：原本两个人的感情很好，可因为一件小事互相猜忌，然后一方会想方设法去试探对方的真心，最后亲手毁掉了爱情。直到很久以后，才发现是自己错怪了对方，可那个人早已不见踪影。

第五，学会体谅对方，可以偶尔撒娇，但绝不要无理取闹。

很多人错误地以为，只要对方爱着自己，那就应该无条件接受自己的所有要求。这种想法是很危险的，因为你的要求对方一旦有一条不答应，你就会以为他不爱你了，然后就会引起争吵，甚至会分手。

每个人都有忙碌的时候，这时我们应该体谅对方。如果你周末想去电影院看电影，但恰巧他要加班，你应该支持他工作，而不是无理取闹。

第六，多给对方一些自由空间，不要总是束缚对方。

最好的爱情状态应该是相互依靠，又不会相互限制。即使是一对各方面都很合适的情侣，两个人对待事物的态度也会有不同，千万不要拿自己的标准去要求对方，我们应该尊重对方的选择。

不要整天拿着“我这么做是因为爱你”做挡箭牌，这样和道德绑架并没有什么区别，会让对方产生反感。大家都是成年人，没必要死死束缚对方。

第七，许下的承诺一定要履行，要不然和欺骗有什么区别？

两个人相处，双方难免会做出各种各样的承诺，不管是什么，你只要许诺了，就要毫不犹豫地兑现。

不然，时间久了，你屡屡违约的行为就会根植于对方的脑海中，很难再让人相信。

第八，学会好好说话。

哪壶不开提哪壶，这样的人真的很烦，我们要学会在沟通中让对方舒服。

千万不要觉得两个人已经恋爱就不用注意言辞了，相反，正是因为你们在一起了，才要更加注意说话方式。试想，如果你本来就不开心，对方还说一些你不爱听的话，不是会很容易让人生气吗？

爱情既会让人变得很无私，也会让人变得很自私。可以无私地为对方付出一切，也可以自私地占据对方的所有。

每一个人都渴望拥有一场不分手的恋爱，从情窦初开到看清爱情，我们都在寻找一个可以陪伴到老的人。

在感情中，难免会有问题出现，但只要积极面对，总会有办法解决。

爱情的天空时晴时雨，我们要握紧对方的手，一起哭一起笑，更要一起幸福。

不但要爱，更要会如何爱。

## 在爱情里，谁不是跌跌撞撞着成长 <<

二十多岁正是恋爱的最佳时期，几乎没有来自家庭的压力，也不会对未来过度焦虑。这个阶段，内心的纯洁让我们可以勇敢地爱，大胆地恨。

不过在我看来，二十多岁的我们尽管可以疯狂地恋爱，不必拘泥生活中的一些小细节，但是恋爱和正常的生活、学习、工作的关系还是要处理好，该谈恋爱的时候一定要全身心投入，该努力工作、学习的时候，也要竭尽全力去做。

我一直觉得，爱情只是生活的一部分，好的爱情可以让生活更加丰富，而好的生活是爱情的基础，千万不能本末倒置。

可是身边有越来越多年轻的朋友，一旦恋爱，智商和情商几乎为零。学习成绩不好，工作也做不好，在他们眼里，除了睡觉就是谈恋爱，完全忘记了还有生活和工作。

还有一些人，单身的时候和朋友的关系特别好，一旦恋爱就完全变了一个人，脑海里只有恋人。有的人甚至会因为恋爱，把与家人之间的关系搞得乱七八糟，和家人在感情问题上出现分歧时，一意孤行，没有商量的余地。

这样的人一旦开始谈恋爱就会出现很多问题，严重影响自己的生活和工作。

那么，对于这么一个头疼的问题，我们究竟该如何面对呢？

我们首先要搞清楚自己在恋爱中可能会出现哪些具体的问题，只有充分了解了自己，才能进一步把问题解决。

对于二十多岁的年轻人，在恋爱中主要会出现哪些问题？

第一，在感情里缺乏理性。凡事容易冲动，比如两个人在相处时，总会因为一些小事而大吵大闹，甚至结婚之后也会为了一些小事提离婚。

我身边有一对情侣，他们相恋三个月，基本上每周都会吵架，身边的朋友经常劝他们，刚开始，大家还以为他们发生了什么难以处理的问题，后来才知道，他们每次吵架都是因为一些鸡毛蒜皮的事。

如果双方能多一些冷静，不会为了小事而大动干戈，就不会一直争吵不休。

每个人都有自己的情绪，能不能拥有幸福的感情生活，关键是你能否控制好自己的情绪。如果你的冲动打败了理性，不管经历多少段感情，你都难以明白幸福的真谛。

我们一定要学会控制自己的情绪，千万不要轻易发火，毕竟，没有人愿意平白无故地受气。

第二，在感情问题上，当与父母的意见发生分歧时，总是觉得父母是错的，甚至会为此和他们大吵一架，更有甚者会离家出走。

你要明白，即使他们的观点和建议不太符合常理，但他们的初衷一定是为了你好，谁不愿意让自己的孩子幸福呢？

我邻居家的小姑娘今年二十岁，在广州上大学，谈了一个男朋友，他们今年才大三，男方的家人希望他们毕业之后能留在广州工作，而女孩子的家长觉得广州离山东太远了，每年根本见不了她几次面，她又是家里唯一的孩子。而且，他们现在才大三，大学还没读完就开始谈婚论嫁，有点为时过早，不如等毕业后再做打算。

姑娘得知父母的想法之后，特别生气和着急，整整半个月没和家人联系，她觉得他们是在摧毁自己的幸福。

可事实上，她父母的顾虑也是有道理的，没毕业就开始谈婚论嫁，确实有风险。

第三，永远不要把爱情当成生活的全部。

爱情至上，这需要很大的资本。如果你把大部分的时间和精力都放在爱情上，那你的生活一定会受到影响，你的学习和工作一定会被耽误。

生活是拥有美好爱情的基础，千万不要以为爱情可以让你饱腹。

二十多岁的你如果把时间全部用在爱情上，不努力生活和工作，最终是会得不偿失的。即使你们无比恩爱，但也请你时刻记住，你还有生活和工作，你还要生活和工作。

第四，你要做到经济独立和生活独立。

有底气的女性，不是嫁入了豪门，而是随时都有独立自主的能力。

如果哪一天恋人离开了，你应该要有正常生活的能力。千万不要因对方的离开而严重影响你的生活，倘若因为失恋导致生活质量严重下降，那说明你在感情里的状态是不健康的。

第五，你要在爱情和生活里做一个自律的人。

自律会让你的爱情和生活有品质保障。几年前，我也是一个很不自律的人，管不住自己的情绪、改不掉自己的坏习惯，每晚都会和朋友出去喝酒吃烧烤，以至于后来身材特别肥胖，那段日子也是我人生中最颓废的时期。

不自律的生活让我看起来很糟糕，身边的人也不愿靠近我。

虽然那段日子已经过去好几年了，但这对我而言是一个教训，我明白了不自律的人生寸步难行。

如果你身上存在这些问题，其实也不用太过担心，我们每一个人在感情里都是初学者，都会不可避免地走一些弯路，只要我们能正视这些问题，能及时回到正轨上就好。

或许你会在感情这条路上遇到挫折，会遇到一个把你弄得遍体鳞伤的男人，你或许不愿意相信爱情，但请记住，人生总共不过几十年，很多事要是学不会释怀，就很难快乐。

## 余生很短，要和把你放在心上的人在一起 <<

爱是什么感觉？我想最简单的回答就是：心中有一个人，这个人就像你的宝贝一样，被你深深地藏在了心里，生怕被人抢走，想尽办法去呵护和珍惜。

你心上的人，一定是你很喜欢的人。你愿意为了他，每天花很多时间把自己打扮得很精致、很优雅，虽然有时候你也觉得挺累，但没关系，谁让他是你的心上人呢。

可爱情往往不会完美，那个被你宠成宝的人，可能没有那么喜欢你，或者他正在思考着如何向你提出分手。

把你放在心上的男人会怎么对待你呢？

如果想判断那个男孩子对你有没有爱慕之意，只需要稍微注意一下你们之间发生的小细节。对于爱情而言，小细节往往能说明一切，因为一个不在乎你的人，你根本就没有机会和他摩擦出小细节。

如果那个和你的工作、学习没有任何交集的男人，每天都愿意花时间和你聊天，会主动创造机会和你吃饭，这样做的他只是因为在乎你，把你放在了他的心上。

如果一个人根本没把你当回事儿，那他对你一定很冷淡，甚至会编造一些理由，比如要加班、要开会等理由，来推辞你的邀约。

可真正在乎你的人，他会把你放在心上，会把你的事情当成他自己的事情。通过交往时的这些小细节就能完全看出对方的心思，喜欢你的人总会想办法和你在一起，把你放在心上的人自然会温柔地对待你。

你多久没有心动过了？

每一个人都有过心动的感觉，当心里有了喜欢的人，总会想着如何在他面前表现自己最好的一面，你开始注重自己的外表。而那些把你放在心上的男人，他也会给你弥足珍贵的真心，守护你一辈子。

对于很多姑娘而言，这一辈子，如果能和一个把自己放在心上的人在一起，一定会十分幸福。我们都知道，喜欢和爱不同，喜欢或许只是一时冲动，可爱是责任，是担当。

要明白，一个真正想和你结婚的男人，一定是把你放在心上的人。

有人会说："有什么不同啊？那又有什么用呢？坏男人的套路那么多，他现在的所作所为并不能代表将来也会如此。"

尽管如今有不少渣男，但是你要始终相信爱情，毕竟这个世界上还是真爱多。

懂什么是真爱吗？

真爱或许是悄然无声的，但它一定是长久的，想守护你的男人一定会把你放在心上，更会付出他的真心。不管何时，他都会给足你安全感。

有些姑娘总是担心因为一场矛盾就会失去心爱的他，所以在感情里始终很谨慎。其实，那些愿意为了感情而付出真心的男人，一定会包容自己的恋人。

不过，如果他对你特别大度，你也一定不能对他斤斤计较，人都是将心比心的，不然，攒够失望后，他也会选择离开。

爱情很简单，幸福也没有我们想象中那么复杂，不幸福的人有无数个不幸福的理由，幸福的人都在过着简简单单平平淡淡的小日子。如果一个男人真的爱你，他就会娶你，会把你放在心上，给你足够的安全感。

余生那么短，一定要和把你放在心上的人在一起。

# 你不优秀，认识再多优秀的人也没用

Part 2

人生中有很多很多事情

在本质上都是相同的

恋爱和经营感情

就和学生时代的考试一样

早点明白一些道理

早日躲开那些陷阱

就会少经历一些痛苦

少流一些泪

多一些成功的可能性

## 要有最好的期待，也别忘了做最坏的打算 <<

谈一场恋爱，从某种层面上来说，其实就和你在大学里选修一门课一样，从刚开始的兴趣满满、新鲜感十足，到后来的厌倦，甚至排斥。

这一节课上完，你花掉了很多宝贵的时间，但与此同时，你学到了很多有用的东西，唯一不同的就是，有的人考出了好成绩，而有的人挂科了。

然而，不论是哪种结果，这段经历都会对你产生很久远的影响。然而，谈恋爱和考试一样，我们都想考取一个理想的成绩。

回想我们学生时代的生活，那个时候，可以为了期末考试考出一个好成绩，从学期开始，我们就非常努力，不放过任何一个提升自己的机会，不放过任何一个进步的可能，全身心地投入复习中。同样的道理，谈恋爱也是这样的，内心渴望拥有一段完美恋爱的你一定会很努力地提升自己。

你会花掉很多时间打扮自己，你会听很多关于恋爱的道理，你会看很多相关的书，你所做的一切，都是希望能在恋爱时得心应手。

其实，人生中有很多事情，在本质上都是相同的，恋爱和经营感情就和学生时代的考试一样，早点明白那些道理，早日躲开那些陷阱，就会少经历一些痛苦，少流一些泪，多一些成功的可能性。

当然，明白了一件事情之后，能付出行动才是最重要的，接下来我们好好聊聊在感情里究竟有哪些值得我们去提前记住和明白的道理。

在开始一段感情之前，应该端正态度，把出发点搞清楚，明白自己开始这段感情或者建立这段婚姻的目的是什么。

这是无比重要的，因为很多人都搞不懂，以至于出现浑浑噩噩的开始，浑浑噩噩的结束。

就像前不久刚刚分手的小夏，就是一个典型的例子。她研究生毕业之后就直接工作了，一个人在北京工作了几年之后，应家里爸妈的要求，她又回到了山东老家，年龄大了，家长也一直催婚。

可是小夏对于自己未来的伴侣要求很高，各种理由拒绝了家里为她安排的很多相亲对象，她觉得当初可以为了爸妈从北京回到老家生活工作，那个可以妥协，但是谈婚论嫁是一辈子的事儿，谁也替自己做不了主，必须要按照自己的意愿来才行。

时间久了，爸妈拗不过她，也就顺从了她的意思，大约过了有半年，她找到了适合自己的“真命天子”，两个人各方面都非常合适，也能聊得来，彼此的感觉都是相见恨晚。小夏把他带给了爸妈看，她爸妈说：“宝贝女儿，当初听你的真没错，不然就要错过他了。”

从二老的话中可以看出来，他们对小夏找的男朋友非常满意，最近就要张罗着两个人的婚事。

你看，小夏就是坚持了自己的原则，她明白要和什么样的人在一起，她明白什么样的人才最适合她，她也明白自己找男朋友的目的就是结婚成家立业。

正是因为这些方向，才让小夏遇到了自己的“真命天子”。

在这里，很多人可能会说，恋爱就恋爱啊，为什么一定要有目的性呢？解释一下，我所说的目的是方向和初衷，而不是功利性以及掺杂太多物质的企图。

你追求平平凡凡是目的，他追求轰轰烈烈也是目的。另外一定要明白一点，那就是绝不要把自己的命运寄托在一段感情上，或者一个人身上，不然的话，到最后，你高高举起的期待值，只会被摔得稀碎。

我们之前也说过，爱情绝不是雪中送炭，最多是锦上添花，所以如果你想谈一场恋爱，我建议你抱着两个人一起奋斗为美好明天而努力的心态，人活着是为生活为梦想，那么如果在追逐梦想的路上有个伴儿，一定很美好，也能让你切身感受到爱情伟大的力量。

生而为人，不能为了别人而活，也不能被捆绑在一段感情上，最好的爱情不是两个人捆在一起，而是彼此自由，又互相依靠，你知道他不会走，他也知道你不会离开。

如果明白了这一点，慢慢地你就会发现，爱情只不过是我们生活的一部分，绝不是所有，即使这部分什么时候不在了，你一样可以通过生活找到自己存在的意义。

这也是我多次提到的一点，我们要有必要的独立，这点是很重要的，因为身边有太多太多的姑娘，她们一味地认为男人就是生活的所有依靠，所有安全感的来源。

爱情就像细沙，你抓得越紧，它溜得越快，摊开手，或许它就能稳稳地被你握住。

最后，如果你想和他过上真正的幸福生活，让这段感情长长久久，那你一定要秉持一个原则，在物质上，不过分要求他，也不要过分地依赖他，他拿钱给你买东西，甚至直接给你钱，这是他表达爱和心意的一种，你可以接受。

但是，你在心里永远都不要对他的钱产生依赖，你要有自己的工作和事业，这不仅能让你找到生活的趣味，而且能保证有朝一日和他分开之后，自己不至于被饿死。

女孩子一定要独立，一定要学会自立，俗话说，靠天靠地不如靠自己，就是这个道理。

看似一件很小的事情，在很多人的观念里，都是老婆花老公的钱天经地义，但对于天经地义这词，很多人都忽略了一个前提条件，那就是两个人一旦在一起，今生今世就再不分离，但凡出现一点意外，所谓的天经地义，就是扯淡。

理想状态嘛，不要抱太大的希望。

在爱情里我们要抱有最好的期待，但同时也要做最坏的打算。

不论你们的感情状态目前好与坏，都要记住以上提到的三点，对未来，对这段感情，对他，做最坏的打算。

我们期待最后美好的结果，即便不是，我们也不会被糟糕的结果打得措手不及。

这是爱情里的博弈之道，亦是人生智慧。

## 再熟的朋友，也要有底线 <<

现在有很多人都有这么一种错误的认知，他们觉得在与朋友交往的过程中，如果两个人的关系很铁，那交往起来就不必再注意些什么。有的人甚至觉得：你和我很熟，怎么可能还会再忌讳什么呢？在相处的过程中，我做的任何不对的事情都应该被你原谅，这才是朋友之间应有的样子。

毫无疑问，上述那种人一定很自私，他们完全不顾及别人的感受，他们不明白，每一个人都有自己的底线，有些话听了就是会不开心，有些不愿意做的事就是要拒绝，有些伤一旦结疤就不愿意再被别人提起。

所有人都应该明白，真正的好朋友，就应该理解对方，而不是拿着“咱们俩很熟”的幌子来对人进行道德绑架，从而做一些让人很不乐意的事情，否则，对其他人来说会是一种深深的伤害。

一个了解你的人，最起码不会一直让你难过。如果明知道这样做你不好受却还是做了，单是这样的恶意和愚蠢就不该被原谅。

“熟”只是人与人之间的一种关系状态，如果拿着“熟”去对朋友进行道德绑架，为了满足自己的主观意愿去做一些朋友很反感的事情，那这样的人，根本就不是真正的朋友；相反，这种人对朋友而言是充满恶意的。人与人交往时，只有不拿关系熟进行道德绑架的人才能称得上真正的好朋友。

交往时，很容易就能看出一个人的情商，从处理问题的态度上，从言语中，一眼便知。真正情商高的人，在和熟人相处时，一定很明白下面所说的几点。

第一，不要以为两个人的关系熟，说话就可以毫无忌惮，每个人都有禁区。

有的人仗着关系很熟，就肆无忌惮地开别人玩笑，甚至在朋友面前揭人短处、戳人痛点，然后一边开着玩笑说着不着调的话，一边说着：“咱俩这关系，你肯定不会在意吧？”

换个角度想，如果别人这样对你，你什么感受？每个人的心中都有禁区，那个地方容不得任何人碰，既然关系熟，那你应该尊重才行啊。

玩笑归玩笑，但一定要注意分寸，要不然，这就和打别人一巴掌，还不能让别人喊疼是一个道理。

第二，不要以为和别人很熟，任何忙都要别人帮。

有的人就是这样，朋友在移动公司上班，就找人家帮他免费充话费；朋友在医院上班，他七大姑八大姨都要通过他找人家帮忙排队挂号；朋友在广告公司上班，就找人家免费推广自己的产品。

如果朋友说一个“不”字，那好了，马上就把两个人的关系撂出来，“可以啊你，咱俩这么多年的朋友，这点忙都不帮，太不讲义气了吧。”

这种人就是赤裸裸地道德绑架，你要明白，如果你们的关系很熟，那他一定会想方设法地去帮你；如果他拒绝你了，那一定是有原因的，毕竟他可能是他所在单位的一个小角色。

第三，不要以为和别人很熟，就可以随意向朋友释放负面情绪。

我们都会有心情不好的时候，可以适当地找好朋友倾诉一下，这样还可能会因为彼此之间的交流提升两个人的关系。但是一定要记住，朋友不是你的情绪垃圾桶，如果你经常性地向别人释放负能量，他们也会烦躁，即使是很熟的朋友也会有这样的感觉。

我之前就有个朋友，几乎每天晚上都会向我抱怨生活的各种烦心事，每次听她说完后，我都会感觉有点被影响。

第二天看她发状态比谁都嗨，可到了晚上还是会来倾诉。后来我真的受不了，就提醒了她一下，可以自己适当调节，她上来就是一句，“亏我还把你当成好朋友，我有麻烦和你说难道都不行吗？”

我无言以对，心想，“你还是别和我熟了。”

第四，不要以为关系熟，别人就可以无条件地让着你，有些错是不值得被原谅的。

每个人都有自己的容忍限度，有些错真的不能去犯，一旦错了可能会给朋友带来永远都无法弥补的遗憾，纵使你和他关系再好，他也不会原谅你的，一定要记住，不要因为关系熟就做一些出格的事，相反，就是因为关系熟，你才要靠谱一些。

第五，这一点很重要，那就是不要以为关系熟，就欠钱不还。

觉着咱俩的关系很熟，信任你，就把自己积攒很久的钱借给你用了，而你倒好，一直不说还，后来我实在急用钱，纠结好久以后才鼓起勇气向你开口，却等来了你一句“咱俩这关系，你还信不过我啊，少不了你的”。

你说你现在手里很急，可你换了手机，还在朋友圈炫耀，你拿我的钱去过奢侈生活，走小资路线，而我却因急用钱像热锅上的蚂蚁。

大家都是救急不救穷，再好的朋友也是这样，这和熟不熟没有太大关系，这也和朋友的富裕程度没关系，欠债还钱，天经地义。

生活中，和我们走得很近的是兄弟和闺密，他们也是正常的人，千万不要以为关系熟，就过分理所当然甚至做一些伤害他们的事，更不要进行道德绑架。

拿着“我们关系熟”说事儿的人，大多都是自私的人，他们将这种自私用在了亲近的人身上，从来不考虑他人的感受，如果亲人和朋友不按照他的意愿来，随之他就会以关系很熟为由说一些别人难以接受的话。

朋友，你要明白，兄弟归兄弟，闺密归闺密，和你关系熟，是觉着你这个人可以深交。

与人相处的过程中，当然要互相帮助，互相理解，我们以宽阔的心胸去对待朋友，但是谁都有底线，不会接受任何以朋友关系熟为由的道德绑架。

否则的话，对不起，我们不熟。

## 哪有脾气差，不过是自私 <<

晓河终于受不了女朋友了，前段时间向我倾诉，他们两个人在一起两年了，他也忍受了她整整两年。晓河说："她脾气特别差，而且是那种不知为什么就发怒的那种，刚在一起的时候，她还能克制自己，可是随着我们两个人的关系不断发展，她越来越放纵自己了。"

我劝晓河："每一个人都有自己的脾气，这一点你应该明白，而现在你们的主要问题是，你无法忍受她那日益变坏的脾气，你应该去分析一下，在你们相处的过程中，都是什么原因导致她大发雷霆的，能否试着从这一角度去解决问题呢？毕竟你们在一起这么久了，对彼此都非常了解。"

"没用了，你都不知道这两年我是怎么过来的，那些发生在我们两个人之间很小的事情，只要她不满意，很快就会发脾气，对我又打又骂，而且还会经常摔东西，在一起两年，她已经摔了三部手机了，现在这部是我给她买的第四部手机。”

“有时候，我也会反思自己，试图从自身找原因，人无完人，我承认自己身上也有很多需要改正的地方，可当我主动改掉了自己很多问题之后，而她还是像往常一样，鸡毛蒜皮的小事儿都和我大吵一架，我真的累了，她完全不会顾及别人的感受，只图自己一时爽。”晓河最后说出了自己的心声。

当晓河说出“她完全不会顾及别人的感受，只图自己一时爽”的时候，我突然明白，如果一个人在别人面前随意发脾气，为了自己宣泄后的心情舒畅，而让别人难受，那这个人在别人心里一定是很自私的。

或许，对晓河来说，分开是最好的选择。在这个世界上，没有一个人永远无条件包容你的坏脾气，如果两个人在交往时，一直发生让你难以忍受的事情，那分开是对两个人的负责。

在现实生活中，我们每个人都会遇到烦心事，每个人也都会有心情特别糟的时候，但是遇到烦心事时，如何管理自己的情绪往往能看出一个人的能力。

有时候，我们会因为生活中的压力而变得负能量满满，情绪特别糟糕，有时候会因为自己的不满而突然变得烦躁起来，这一切都很正常，只要不影响别人，不论你通过什么方式发泄，都无可厚非。

有的人能通过自己的方式释放出压力和不满的情绪，不会影响到别人。然而，有些人释放压力和不满情绪的方式就存在很大的问题了，他们喜欢通过发脾气，甚至大吼大骂来让自己的心情更舒畅一些，就像晓河的女朋友一样，根本不懂也不会去考虑别人的感受。

一个人的脾气和性格是由环境决定的，在我看来，没有天生的坏脾气，有些人最多是急性子而已，那些所谓的坏脾气大多数都是后天养成的毛病。

可能，有很多人认为，从古至今，历史上也有很多脾气暴躁的人，他们不一样可以做出很伟大的事业，身边不一样有很多人拥护吗？借口！这样的人最可怕，永远都在为自己的暴躁找借口，从来都不会反思自己，每当别人说他脾气不好的时候，都会拿出很多所谓的证据证明他发脾气是一件理所当然的事情，其实这是一种非常自私的行为。

说到这里，或许会有一些男人出来反驳，说自己的女朋友就经常耍性子。这一点，我觉得有必要解释一下，情侣之间，女孩子会经常耍一些小性子，发点小脾气然后让男生去哄她，从而证明自己在男孩子心目中的存在感。这和咱们说的脾气差不是一码事，不过我还是希望大家都能记住一句话，且行且珍惜。

然而，很多男生在女孩子面前大发脾气就不应该了，说到这儿，有的人可能就会站起来反驳我了，不是说爱情里应该平等吗，为什么女孩子可以发小脾气而男生就不可以？

这里根本不涉及男女平等的问题，有句话是这样说的，你不惯着她，那只有让别人惯着，就问你愿不愿意？不愿意的话，就忍忍她的小脾气。

男性朋友可能会说，还有一句话是这样说的，男人有脾气是应该的啊，毕竟男人嘛。

错，就因为是男人，才不能随便发脾气，你想，女孩子就要把她的一生交付给你了，你不但不包容着她，让着她，还对她大发脾气，以自己满意为先，这就是自私。

如果两个人有了矛盾，那个脾气差的人，往往都是不能忍耐、不会包容、自控能力差的人，他们总是想着通过发火来进行宣泄，完事了还会找一些借口，完全不顾及别人的感受，这就是最可怕的自私。

生活中，我们往往对自己最亲爱的人发脾气，对他们的态度甚至不如对陌生人好。

我们总是仗着他们会一直爱我们，于是就惯着自己，慢慢地变成了一个脾气极其差的人，动不动就发火，从来不考虑对家人朋友发火会给他们带来多大伤害。

一边享受着家人带给自己的爱，一边无休止地发脾气找事，这种行为不是自私是什么？针对这一点，我们每个人都应该去反思，去改，不要再对家人乱发脾气了，不能再这样自私下去了。

相反，越是能力强的人，越是好脾气，他们明白发脾气是无法解决任何问题的。解决问题的唯一办法就是去面对它，然后冷静地解决掉。

想一想，生活中我们因为发脾气失去了多少爱，伤了多少人，耽误了多少事。一旦发脾气，肯定在短时间内无法以一种正常的状态去和别人相处，更不可能正常地工作，真的是毫无益处。

所以，不要再觉得脾气差不是什么问题了，一个人的脾气真的能影响这个人的能力和运气。所谓的脾气差，就是自私和无能。

## 情商高，就是相处让人舒服 <<

李先生在公司一点儿都不受待见，公司里的同事有什么活动也不会邀请他参加，究其原因，还是李先生平时的为人处世有问题。他在公司已经整整三年，称得上老员工了，当初一起进来的几位同事现在已经陆陆续续被提拔成部门经理了，而他却还在老位置，做着最基本的工作。

一个办公室的同事从来不会主动和他说话，因为他好像天生就很擅长怼人，不论什么话题只要他一插话，别人就无法继续谈下去了，而且他也经常挖苦人，仗着自己年龄大、有阅历会挖苦一些新来的员工，非常让人反感，同事们明面上不说什么，但在背后都吐槽他这个人有问题。

至于他进公司三年，一直没能被提拔，也是情商低造成的。要说智商，他一点儿都不比别人低，正是因为他对待朋友的态度，以及他自身处理问题的方式，让同事很不舒服，即使让他做领导，同事也会不服的。当然，上级领导也看在眼里，对于这种有损公司凝聚力的人，不辞退他已经很仁义了，根本不可能提拔他。

由此可见，一个人的情商真的无比重要。有的人，抱怨自己没有什么朋友，有的人羡慕别人左右逢源，怀疑自己的经历和遭遇怎么就那么惨呢，觉得上天对自己太不公平了。

在此，想和上面那类人说一句话，不要再怨天尤人，那只不过是你情商低带来的后果而已，其实从一个人平时对待朋友的态度，以及处理事情的方式上就能看出一个人的气运如何，你看到了别人左右逢源，但你没看到别人为朋友默默地付出。

和人打的交道多了，会发现，情商真的很重要，情商低的人一说话别人就烦，情商低的人在办公室里从来不招别人待见，情商低的人遇到困难从来都是单打独斗。

所谓的情商高低，就表现在我们平时的为人处世上面，点滴小事，慢慢地就会让别人给我们贴一个标签。我们对人的态度让人舒服，解决问题的方式能让人满意，对方对我们肯定会有一个好印象。

如何才能提高自己的情商？其实这件事并没有想象中难，只要肯坚持，肯付出时间和精力去慢慢维护，通过改变自己对待日常小事的做法和对人的态度，点滴积累，慢慢地，你就能达到情商爆表，所谓的左右逢源就会发生在你身上。

第一，拒绝别人要学会果断。

当别人找你帮忙的时候，如果你觉着自己没有能力，或者是实在不愿意去麻烦，请你果断地拒绝他，不要磨磨叽叽，嘴里半句肚子里半句，这样的话，别人觉着你特不真诚，甚至会让人觉得你很虚伪。

如果你果断拒绝别人，不让自己的纠结耽误别人的事，帮就是帮，不帮就是不帮，这一点儿问题都没有。

第二，一旦答应别人，就要尽全力做到。

刚刚说到，拒绝别人要果断。反过来，如果有些力所能及的事，或者是一些举手之劳的事，你答应了别人，就应该全力以赴，而且要快。这样的话，别人会觉着你很靠谱。千万不要答应了别人，却迟迟不去行动，这样既耽误了别人的事情，也让自己在别人的心目中留下一个很差的印象。

第三，借别人的钱，一定要按时还。

如果你借别人的钱，一次不还，那是别人不和你计较，可是次数多了，我估计你也就借不出来了。另外，当你借别人的钱时，最好有一个还钱日期，越准确越好，到时候及时还上，下次再借的时候，也很容易。

借钱这件事，说起来是件小事，但如果处理不好，就能毁了和朋友的关系。

第四，不会说话就不要乱说。

不会说话的人，真的很烦人！对那些不会说话的人，可以选择避而远之，因为他们太可怕了，在他们嘴里你什么都是不完美，什么都是不应该，你喜欢的东西在他们眼里全是不好的。

更可恶的是，他们会在你开心时用一句话彻底把你的好心情毁掉，还会在你心情不好的时候，狠狠地补上一刀。所以，提高情商，要从好好说话开始，学会耐心倾听，控制自己的表达欲望，管理好自己说话时的情绪，让和你谈话的人舒服一些，这是关键。

第五，别人的事，千万别跟着瞎操心。

有些事，别人不想让外人知道，那一定有人家自己的想法，你就不要再追着问了。别人不想让你参与的事，你也别自作主张插手了，不然的话，很容易让人反感，严重的还会耽误别人的事。

我一直提醒自己，朋友的事情，他想让我知道的话，我就去耐心倾听，他不想让我知道，我保证一个字都不多问。

第六，要学会反省自己。

我有个习惯，那就是每天晚上会反思一下自己，哪里做得不好，哪里做的还好，我都会仔细地想一想，不断地思考和反思，及时发现自己身上的问题，及时改正，养成习惯，每天的自省，会让我们成长很多。

第七，要学会站在别人的立场上考虑问题。

人与人之间，本来就是一个相互了解、相互协调的过程，何为情商高，不就是能站在对方的立场上考虑问题吗？

遇事能为对方考虑，别人不愿意做的事，不去强迫，这样的话，我们就能慢慢地与人相处得和谐，这样的人，不受欢迎才怪呢。

第八，不要斤斤计较，心胸要开阔。

得饶人处且饶人，大事化小，小事化了，将自己的心胸放得开阔一些，做人大气，可以避免很多不必要的麻烦，心胸开阔不仅让人觉得你大度，而且你每天也会有一个比较愉悦的心情。

第九，人啊，一定要有眼力见儿。

简单地说，你一定得学会看场合，学会观察人的心理状态，什么样的场合说什么话，什么样的场合做什么事，不然的话，一定会遭到别人的反感。

举个例子，你明明已经很不开心了，我还在你旁边叨叨叨，你明明已经表现出很不乐意的情绪，但是我丝毫看不出你的任何情绪变动，你心里什么感受，是不是想和我翻脸？

人都是一样的，所以有点眼力见儿真的特别重要，这也会提高你的情商。

总之，情商低不仅会影响你的个人发展，更会影响你的生活，因为事事不顺心的生活，会特有挫败感。提高自己的情商，没有那么难，上面提到的几点，都是在生活中比较常见的，请记下后多加行动，情商会慢慢地变得好起来。

很多时候，情商比智商重要多了，智商不能通过后天的努力改变，但是情商就不一样了，只要你愿意改变自己，一切都有可能，或者说，很简单。我们不愿意和情商低的人相处，别人也是，为什么不去试着提高呢？

有意识地去约束一下自己的言行，一段时间以后，你和朋友的关系一定会有所改善，甚至你的生活状态都会有所改变。

## 与其埋怨世界，不如改变自己 <<

人生中，我们或许会谈很多场恋爱，我们也无法确定未来能跟我们一起走下去的人到底是谁，但是我们可以对每一个遇见的人都以真心对待，做到问心无愧就好。

感情是两个人的事情，我们无法左右对方的选择，不论对方是选择离开还是选择留下，我们都要坦然接受，时刻提醒自己，去爱，但不能被爱所左右，不能因爱得过度而影响自己的生活。

追求品质生活是我们对生活应有的态度，而对于成长这件事情，则是一个持续的过程，活到老学到老，无法改变世界，我们就要试着学习改变自己。

关于爱情、生活、成长，我想给大家一些参考建议，这些建议可能是我亲身经历之后总结得到的，可能是从前辈和老师那里学到的，接下来，我会全部送给大家。

第一，爱情很重要，该爱的时候，请大胆勇敢地爱，该恨的时候，也要去恨，敢爱敢恨才是有血有肉的人。如果一段感情不能给你温暖，无法让你看到未来，甚至让你很痛苦，请相信，这段感情对你而言，一定是不合适的。如果两个人不合适，即使双方在感情上面付出再多，都无法让感情起死回生，与其如此，倒不如分开，给自己一个新的机会，也给对方一个机会，好聚好散，各自安好。

第二，经常提醒自己，一定要管理好自己的情绪，很多人的失败说到底其实就是做不到这一点。不论是在感情里，还是在生活与工作中，脾气暴躁的人肯定都不受欢迎，另外，也很少会有人能接受自己的伴侣是一个脾气暴躁的人。除此之外，在工作中，如果我们无法控制自己的情绪，那后果很严重，不但会大大降低工作效率，心情烦闷，而且会失去很好的机会。浮躁这些情况很常见，而且每一个人都会遇到，当你能做到管理好自己的情绪时，你会有很大的成就感。

第三，人生的路，说长也长，说短也短，所以要珍惜当下，努力开拓未来。生而为人，有的人出生在一个好的家庭环境里，而有的人一出生就要面临很多困难和不幸，不论你的家庭情况如何，未来的路，都需要自己走，没有人能替你去走。我们明白一个道理，能用金钱等物质解决的事情，那都不是什么事情，但是生活，那是自己的，我们需要自我经营好。

第四，做人一定要学会克制，感情也好，生活也罢，如果你无法做到克制自己，或许你会获得一时的畅快，但是后续一定会有很多麻烦等着你去面对。在爱人面前不克制，尽情地发泄自己的情绪和不满，当时你内心可能会很舒服，但是那无疑会给对方带来很大的创伤。在生活和工作中，如果不懂克制，尽情地放纵自己，逐渐地，你就会发现，因为自己的放纵，你和别人的差距越来越大，而一旦学会克制，意味着你会小心谨慎很多，从而会少犯很多错误。

第五，在相应的年龄段，要做最应该做的事情。学生沉迷于游戏，荒废了学业；走向社会的人，沉迷灯红酒绿的奢靡，逐渐地迷失了自己……简单地说，他们都犯了一个错误，就是不明白什么才是自己眼前最值得做的事情，我想这一点值得我们每一个人警醒，看似很简单，但真正做到才是王道。

第六，延迟享乐，汉乐府《西门行》诗：“夫为乐，为乐当及时”，“及时行乐”这个词我们都知道，但“延迟享乐”这个词对于很多人来讲或许非常新。意思就是，很多时候，我们要提醒自己，不要把享受放在第一位，比如，二三十岁的时候，正是实现自己人生价值的最好时机，这个时候应该争分夺秒地努力，把提升自己放在第一位，把享乐往后延迟一下，这对于我们个人的发展绝对是一件利好之事。

第七，一定要区分投资和消费，尤其是在年轻的时候，假如你有 100 万元，如果你用来买一套房子，那这就叫投资，不说升值多少，但至少可以做到保值，但如果你用这 100 万元去买一台车，那就叫消费，消费品是会消损的，三年或者五年之后，这台车的价格一定会低于当初的购买价格。举这个小例子，就是想让你明白，假如你没有足够的财富，就要将现存的财富优先安排到投资上，消费和享受是后续的事情。当然，如果你家缠万贯，自然可以忽略这条。

第八，搞好人际关系，人缘好的人运气不会太差。人与人之间的关系需要经营，而那些看似左右逢源的人，他们就是以真心与朋友交往，真诚待人，时间长了，你对朋友怎样，朋友就会对你怎样。

第九，有意识地提升自己的格局。不论是在生活上，还是在工作与成长的问题上，提升自己的格局，都能解决很多问题，也会让我们在做一些事情的时候变得顺风顺水。另外，格局大的人往往是职场上最受欢迎的人，所以提升自己的格局，非常有必要。

第十，最后还是要回归到学习上，现在大家都有了一个共知，那就是未来人与人之间拼的一定是认知，同样条件的人，认知水平高的人会优于认知低的人。如何提升认知水平，最好的办法就是不断学习，学习新的概念，去接受最新鲜的事物，时间久了，你会发现自己的认知水平在不知不觉中就提升了好多。

以上十条，每一条都是我的人生经历和反思总结，同为年轻人，希望这些建议能给你一些启发。

## 你所谓的烦恼，不过是庸人自扰 <<

焦虑和迷茫应该是年轻人中最常见的问题，“90 后”占绝大部分，二十多岁，大学刚刚毕业，面临着就业、买房、婚姻，以及个人的未来发展规划问题，心有余而力不足是对这个年龄群体的心理状态最合适的形容。

曾经有很多人告诉我，他们常常被两个问题困惑，一个是不知道自己未来应该从事什么行业，另一个是不敢确定自己的选择是否正确。我从大学就开始创业了，刚开始和几个朋友做校园O2O，后来因为技术不够成熟以及资金不足而错过了黄金发展时期，索性就砍掉了那个项目，然后转战新媒体，一做就是两年，一步一步走到了今天。

说实在的，其实刚开始的时候，我也不知道自己未来能做些什么，本科读的外语，但自从上了大学之后，我对外语的兴趣就越来越淡，当时我就想未来怎么办。那段时间特别焦虑，其实现在想想焦虑一点儿用没有，如果当时埋头好好学习，将来也是没有问题的。

天生的爱折腾，以及对未来的各种幻想让我决定去尝试着做一些自己的东西，于是就走上了创业的路。说实话，当时心里也没谱儿，大家都在很努力地学习，而自己每天都在忙一些看似不务正业的事情，万一失败了呢？不知道自己的选择是否正确，我也不知道未来的路到底怎么走才能更顺畅。

现在才逐渐明白，人这一生，就是一个不断探索的过程，我们很难或者说不可能预见未来的路具体怎么走，不然的话，人与人之间也就不会有那么大的差距了。路是自己走出来的，所以当你想去做一些什么事情的时候，一定不要太纠结，果断地迈出第一步，在这条赛道里不停地努力，属于你的未来才能更加精彩。

其实，不论我们从事哪一个行业，在什么岗位上，只要我们足够用心，足够专注，不拖拖拉拉，执行力强一些，再平凡的职业也能做出优异的成绩来，这也就是我要说的重点，未来一定属于拥有三种能力的人，所谓的成功人物，无一不拥有很强的执行能力、学习能力、专注能力。

那接下来就针对这三种能力，好好地讲一讲。首先说一下学习能力。

从出生的第一声啼哭，我们就开始了人生的学习旅程，从牙牙学语到蹒跚学步地迈出第一步，一直到进入校园开始长达二十年的学生生涯，我们每一天都在学习，但同样的都是学习，有的人成绩很优秀，而有的人成绩却不是很理想，慢慢地，大家之间的差距就显现出来了。

当然，我们不能否定那些在学校成绩很差的人，术业有专攻，但凡一直学习的人，他肯定在某一领域有所成就，不过前提是，你得真正地进行有效学习了。

所谓有效学习，就是埋下头专注去研究，把知识输入了自己的大脑，而不是糊弄差事、走马观花式地过一遍形式。学习能力强的人是什么样的呢？

学习能力强的人应该是积极接受新生事物，时刻保持着谦逊的态度向身边的人学习，有计划地进行输入。如今，我每天都会安排读书的时间，去读一些专业性的东西提高自己的技能，也去读一些名著和大家之作去提升自己对万千世界的认知，然后平时也会积极报名参与行业大咖的分享大会，去看一些领军人物的演讲视频。学习是一个循序渐进的过程，我们要耐心地去积累，发起主动性，日积月累，慢慢地，你就会发现自己提升了很多。

其次，说说执行能力。我想很多人对此都很有感触，因为拖延，曾经耽误了很多事情，错过了很多好的机会。因为执行力不到位，被老板骂，被客户吐槽，无数次信誓旦旦地给自己定下 deadline，又无数次打脸，边打脸边安慰自己，“不要紧，还来得及”。

我们得承认，几乎所有的人，多多少少都有拖延症，或轻或重，都因执行力不到位吃过亏。一点儿也不夸张地说，如果谁能克服拖延症，将自己的执行力切实提升起来，那不论是在学校还是在职场上，竞争力都会比别人强很多。大家的时间都是相同的，拼的就是效率和执行力。那么，问题来了，怎么样才能克服拖延症提升执行力呢？

根据我个人的经验，在平时的工作和学习中，我之所以拖延，大多数情况都是因为我对时间的安排不合理，对于自己的能力把握不够全面。比如，我手里有一份一万字的总结报告要写，这个工作是比较复杂的，还要查阅材料，后期还要校正，明明是一周的工作量，而我往往会觉得自己三天就能完成，所以就会把七天的工作量平分到这三天里，那自然而然，每天的工作量就多了。

重点来了，面对如此大的工作量，我常常会望而却步，硬骨头难啃，我会优先选择做那些稍微简单一些的工作，这就形成了拖延，一天又一天地拖延，直到三天后，这份总结报告还是一字未动。

这是我经常犯的一个错误，事后想想，如果能将这些工作更加具体地拆分，妥当地安排时间去完成，那么内心就不会有那么大的压力了。当然，这个时候要做的，还是要提醒自己，甚至逼自己去做，不过那个时候，因为预设的目标在能力范围内，所以做起来就会简单很多，如此下去，养成习惯之后，执行力自然而然也就上去了。

最后，我们再谈一谈专注能力。做事情不够专注，三天打鱼两天晒网的人不在少数。有的人决定做一件事情之后，连一个月都坚持不到就放弃了，不论是工作还是生活，无法专注做一件事情的人，往往都会很浮躁，工作和生活带来的成就感就会少很多，这样的人，也无法做成什么大事。

前面讲了学习能力和执行能力，但如果少了专注能力，我们也无法提升自己的学习能力和执行能力，不认真、不钻研，事情就不会有什么进展，自身也不会有什么实质性的提高，没有了专注力也会降低效率，接下来会让你越做越累。

比如做公众号这件事，我身边就有很多朋友想尝试，他们每次问我是如何坚持一步一步做下来的，我给出的答案都是一句话，“专心做这件事情，至少坚持三个月”。不论是哪个行业，如果你不能专注地做上一段时间，你就根本无法发现其中的规律和处理问题的方法，浅尝辄止是做事的毒药，唯有专注，我们才能融会贯通，才能明白如何做好一件事情。

其实，我们大多数人的智商、精力、体力都是差不多的，那人与人之间之所以有那么大的差距，就是因为学习强度和对新鲜事物接受能力的差距。有的人心中有了规划，马上就能行动，不会拖拖拉拉，面对挫折和问题，他们会很认真地解决，有很强的专注力。

所谓的能力，绝不是天生的，而是通过后天的努力提升起来的。因此，我们不论处于哪个阶段，要时刻提醒自己，不断提升自己的学习能力、专注能力和执行能力。

## 不要和不思进取的人在一起 <<

不好意思，我又来劝分了。

不过，不用担心，这次要说的男人比较奇葩，也许大多数人都不会遇到。但正是因为这种“稀有性”才让事情变得更加糟糕，离开他是迫在眉睫的事情。不然的话，拖得越久越不利于她重新开始。这并不是在危言耸听，先听我讲个故事。

小西去年交了一个男朋友，在一起的时间还不到半年，最近她向我倾诉：“闯哥，都说一段好的爱情可以让人从中得到幸福感和安全感，而且两个人可以共同成长，那种为美好生活共同努力的感觉非常棒，但是我从来都没有体会到啊，除了累，也没有什么了。”

我很是不解，因为她生活在一个普通二线城市，而且，她的收入在那座城市里算是中高等了，男朋友也是本地人，理论上讲，应该幸福感十足啊，不该有那么疲惫啊。紧接着，小西告诉我，其实她自己的生活完全没有任何问题，吃、喝、住、行、游、娱、购，一切都不愁，但是她越来越觉着自己交了一个累赘男朋友。

怎么讲呢？她告诉我，男朋友一直没有合适的工作，前一段时间在多家公司来回地跳，最近两三个月彻底放弃工作了，现在他一切的花销全部都是小西负责的，而且，他没有丝毫的愧疚感，觉着花自己女朋友的钱是一件天经地义的事情。

最让人难以接受的是，男朋友整天负能量满满，自己不工作，还整天在小西面前说什么，干吗那么累，能偷懒就偷懒呗！两个月来，小西真的受够了，她觉着现在的爱情不是她想要的，眼前的男人不能陪她走完余生，她也在纠结到底该不该分手。

面对这样的情况，如果换作是你，你会怎么办？

想必生活中这样的情况大有人在，而且肯为男生将就的女生也非常多。据我了解，很多姑娘的状态是，虽然对他有一百个不满意，但是他身上还有她喜欢的地方，哪怕是一个很小的优点，也会被她无限放大，然后借此安慰自己，不能分不能分，分了就找不到这样的了。

醒醒吧，姑娘，继续和这种没有任何上进心的男人在一起，早晚有一天你会被他消耗尽的。和什么样的人在一起非常重要，和优秀的人在一起，受他们影响你也会越来越优秀，和渣渣在一起，慢慢地，你也会被带偏。

恕我直言，很多人的问题就是“一叶障目不见泰山”，爱起来就像傻子一样。听一句劝吧，如果你身边的他就像上面小西的男友那样，你还是早点狠狠心离开他吧，你值得拥有更好的生活，而不是让一个没有上进心的人耽误一辈子。

见过很多女孩子从丑小鸭变成漂亮天鹅的案例，却很少听说有男人由渣变好。不如随他去吧，而你，如果发现他很渣很差劲，不要试图去改变他，而要离开他。

生活中有很多这样的男人，他们二十多岁正值青春大好时光，却早早地步入了老年生活，更让人无法理解的是，他们懒惰成性，不仅啃老，而且还啃女朋友。

关于这种男人的具体特点，我再分析一下，他们往往是刚大学毕业，二十多岁，多半痴迷于游戏，没有工作，或者虽然在职，但也经常性地不上班，在外人看来他们也差不多算个废人了。

你和他在一起，他口口声声答应你，会给你一个家庭，会让你幸福，别人拥有的他都会给你，而且，他向你承诺，永远陪着你，不离不弃。而对爱情充满希望的你，虽然觉着他有点颓废，但在内心，还是能说服自己，他可以给你幸福。

这与小西的心理状态相差无几。

然而，实际情况却恰恰和理想相反，你每天辛苦地工作，偶尔休息想让他陪你逛逛街，而他永远都很忙，忙着打游戏，忙着和朋友喝酒，之前说过的话都随风而去了。

你和这种人在一起，他们主动找你的时候，多半是找你要钱，要你拿自己辛辛苦苦挣的工资去供他打游戏，买皮肤、买装备。

两个人在一起，他向你开了口，你拒绝他，肯定会影响感情，他可能会为之和你吵架。而你如果给他，他会一次又一次地没有休止，慢慢地，你会发现他就是你的经济负担。

姑娘，如果你的男朋友是这种男人，还是早点分手吧。这种男人根本给不了你幸福，他连自己都养不活，更别说养你养家给你幸福了。

最好的爱情是什么样的呢？

应该是互相欣赏，互相激励，两个人一起变好，然后朝着一个目标努力，这样的情侣总有一天可以过上他们想要的生活，而且，走向幸福的过程本身就是一件幸福的事情。

而那种终日颓废的男人呢，他们对未来没有任何想法，在他们眼里，生活就是过一天是一天，对自己很不负责。你要知道，态度决定一切，他可以这样对待自己的生活，当然也能这样对待你。

人生本来就是一场很辛苦的旅行，我们每一个人都在为自己的生活努力着，尽管如此，一路上还会遇到很多困难和挫折，仅仅解决自己的负担和麻烦就已经很让人疲惫了，如果再加一个拖自己后腿的伴侣，那不言而喻，未来的日子一定非常难过。

当然，说这些并不是鼓励每一个人都去找一个很厉害的男朋友或女朋友，而是想让大家明白，在选择伴侣的时候，一定要擦亮自己的眼睛，找一个和自己势均力敌的人走余生的路。年轻的时候，他可以穷，但不可以志短，只有对未来有规划且愿意为之努力的人，才有可能让你过上幸福的日子。

再者说，当你和一个优秀的人在一起，你一定也会变得更加努力，对未来更加自信，他的积极和努力会深深地影响你，那个时候你就会发现，原来两个人在一起有那么多趣味性的事情可以做，不会再整天为了一些鸡毛蒜皮的感情小事而纠结难过。

我想这才是最合适的伴侣，即使暂时遇不到这么合适的人，姑娘，你与其和一个给你负担，消耗你的男人在一起，真不如单身过高品质、高质量的生活，同时，心中要坚信，总会有一天，那个和你一样优秀的人会进入你的生活，给你幸福，陪你到老。

这是一个人在感情里的智慧，请牢记在心。

## 拥有爱人的能力，哪里会缺爱 <<

小舒一直都对她男朋友不满意，但是她又不想分手，朋友也劝过她很多次，感情不是一个人的问题，当她觉得对方不好的时候，也应该好好地思考一下自身是否也存在问题，我也是这种态度。

前段时间，小舒约我去喝咖啡，她很想把最近在感情里的一些经历和不满的情绪向我倾诉一下，看看能否得到一些比较好的解决办法。我们那天聊了很久，基本上都是一些她们感情里的鸡毛蒜皮的小事。比如，她觉得男朋友就应该无限度地宠女朋友，男朋友不能大声和女朋友讲话，看到消息不能不回复，每个月的工资都要拿出一半交给女朋友，等等。

后来，我问她："如果你男朋友不满足你的要求，或者做一些让你不太满意的事情时，你会怎么办？"

“我当然会发脾气啊，他怎么能让一个女孩子不满意呢？作为一个男人，难道不应该把照顾和宠爱女朋友放在第一位吗？为什么他不拿出十足的精力好好和我相处呢？为什么平时我在他面前撒个娇都不行？为什么他就不能像我闺密的男朋友那样，乐此不疲地为她买包，买衣服，买口红呢？”

小舒一连串问了我好多问题，不瞒你说，还真把我给问住了，我不敢想象她在这段感情里平时都是怎么向她男朋友宣泄自己不满的情绪的。说真的，我不太能理解小舒在感情里的做法，而且我认为她在感情里是自私的，她对男朋友要求太严格，其程度可以用苛刻这个词来形容。在我看来，相对于无休止地情绪宣泄，以及对感情不满而总抱怨对方不好好处感情，我更愿意让姑娘们去学会感情的经营之道。

毕竟情绪宣泄完了，还可能会接着出现下一个问题，这就没有意义了，比如闹分手，这次你闹，下次他闹，然后第三次你们分手了，再开始一段新的感情还是如此，恶性循环，我相信任何人都不想这样。

所以，如果你能通过一些主观的努力和尝试，不断改善两个人的关系，不断加深两个人的感情，彼此之间多一些理解，多一些体谅，不要拿所谓的爱去进行道德绑架，然后互相奔着长长久久、和和睦睦、恩恩爱爱的原则去相处，就没有不好的感情了。

作为一位男性情感作家，我可以站在男人的角度上，帮女性读者分析问题，告诉大家一些可行性的建议。其实两个人交往，彼此双方并没有太多的要求和想法，大多数情况下只要两个人能和睦相处，有爱有心，就很不错了，一起生活嘛，彼此双方都拿出自己最热情的态度去经营这段感情。爱情总是比较侧重于生活中点点滴滴的小细节，当我们有条不紊地把感情里出现的各种细节问题都解决好，两个人的关系就自然稳定。

聪明的女孩子遇到感情问题会先从自身出发，等把自身可能出现的问题解决了，或者把之前做得不好的地方优化好，那对方如果还是那样子，果断分手，不纠缠不拧巴。

具体一点来说，女孩子可以通过一些小细节看出男孩子对她到底是不是真心，同样地，男孩子也会通过感受两个人相处时的细节看女孩子对他是不是真心。所谓细节决定着爱情，这道理一点儿都不假，你通过一些小事就能实实在在地提高他和你在一起时的幸福感。

第一，如果你能关心他，关心他的爱好，关心他的胃口，关心他的理想，关心他的烦恼，这会让他很感动，而且是那种源自内心深处的心安。

男人不是冷血动物，不是对情感一无所知、毫无感受，男人和女人一样是非常感性的动物。我们要明白，爱是相互的，他对你付出了关心，与此同时，如果他也能得到你的关心，对于男人而言，这是极好的。

所以姑娘，你千万不要觉得在感情里男人“什么都行，不挑剔”。

第二，如果你能把他的事情很放在心上，我想他一定会觉得你超级通情达理，而且善解人意。

咱们可以换个角度去思考一下，如果生活中总有一个人替我们操心，那我们一定会很感激这个人，简单一句话，将心比心。

情侣之间更是这样，对于自己力所能及的事情，如果刚好他遇到了麻烦，这个时候你用心去帮他解决，把他的事情当成你自己的事情去做，这就会给他减轻了负担，我想他也会对你充满感激，你所有的努力和付出他都能看在眼里，记在心里。这样一来，你们就自然而然地加深了感情，很多夫妻都是这样走过来的。

第三，尽可能地克制自己那种无理取闹的心，多一些理解给他。

在感情里最怕的事情就是人心累，不论是你累了，还是他累了，你们的感情都可能会因此而出现危机，那么导致心累的直接原因就是我们对一段感情的厌烦度大于新鲜度，时间久了，心就会累。

谁都说过要多一些理解给自己爱的人，可是谁又能一直做得到呢？在感情里，我们还不是一如既往地暴躁、无理取闹、怒斥、抱怨对方呢？正如你知道的，再难的事情总会有人做得到，所以，那些能理解爱人的人都很幸福，因为在他们给予对方理解的同时，他们也获得了理解。

我一直觉得，只要一段感情里的两个人互相喜欢，那就不存在一方绝对错误这一说法。比如，你一直嫌弃他，各种抱怨他能力不足、给不了你想要的生活、相处起来很麻烦……只要他喜欢你，你也喜欢他，你所抱怨的问题，其实就是你自身的问题。

道理很简单，因为感情是两个人的事情。

说到这里，或许就会有人说了，你简直直男观点胡说八道，好好好，我不与你争。

但是，我想你能明白，所有美好的爱情绝对不是一个人在辛辛苦苦付出，所有走向破灭的爱情也绝对是因为一个人的言行而失败。我们想要幸福就不要在付出面前退缩，你想要那个爱自己的人一直都在，就不能全靠他一个人默默付出，苦苦地爱。

相反，我们应该将别人给予的那份爱，以同样的形式给予对方，回应对方，即使某一天他不再珍惜了，你也可以选择离开。

大不必担心那个时候就没有真爱了，不会的，请放心，我们已经有了爱人的能力，以及明白了如何去爱，还害怕未来的路遇不到真爱吗？

请相信，这样的姑娘，永远都不缺爱。

# 比单身更可怕的是失去自我

**Part 3**

学会利用孤单一人的时间

好好努力

让自己优秀一些

这不仅是为了让自己增加砝码

从而去遇见更优秀的对方

更是为了有选择的自由和独立的人格

可以依照自己的心

选择自己想要的生活

## 独立的女人，永远不怕失去幸福 <<

姑娘，你有没有想过，最美的爱情是什么样子？

或许你不止一次地幻想自己能有一段令人羡慕的爱情，也不止一次对自己爱情的现状失望，你渴望着、惆怅着，心里没底，好像美好的事物离你好远好远。

你会抱怨，为什么我付出那么多，还是得不到自己想要的生活？

你一心为男朋友着想，可后来还是被他抛弃了。你甚至会怀疑，这个世界上是不是根本不存在真爱？

然而，事实并非如此，或许只是因为你努力错了，你的认知错了。

我坚信，每一个人都能得到美好的爱情，都能从爱情里获取足够多的满足感和安全感。很多人之所以迟迟无法得到自己想要的爱情，只不过是对最美的爱情产生了误解，使得自己的方向也偏离了正轨。

所谓最美的爱情，不过是你们两个人能在这段关系中保持最佳状态，你们彼此独立又互相依靠，你知道他不会离开你，而你也不会背叛他。

看清了，是彼此互相依靠，而不是过度依赖。

很多姑娘之所以感觉自己在爱情里的状态很糟糕，就是因为她们太依赖男人了。有的甚至觉得爱情就是生活的全部，每时每刻都在担心他离开，患得患失，一颗心难以安适坦然。

小雅在感情上就是一个极度缺乏安全感的人，她总是习惯于依赖男朋友。

她和男朋友相恋三年，可以说彼此之间已经特别熟悉了，她知道他喜欢什么讨厌什么，他懂得怎么让她开心，也会照顾她所有的小情绪。在外人眼里，他们属于那种门当户对又恩爱无比的情侣，然而，本来应该幸福感满满的小雅，生活得并不开心。

去年春节，我们无意间碰见，然后便聊了起来。她看起来有点失落，她说，尽管和男朋友在一起三年，但是她对他的热情丝毫未减，不是热恋却胜似热恋；而他跟她完全相反，热恋期一过，生活便开始趋于平静。不过，他虽然给不了她太多的感动，却能在柴米油盐酱醋茶之间给她足够的温馨。

我望着她一脸愁容，不解道：“看来他对你是真心的啊，这么体贴，你应该感到高兴呀，怎么一副闷闷不乐的样子？”

她接下来的回答，让我特别惊讶。她明确表示总会担心失去他，她渴望自己的消息被秒回，也渴望他把所有的时间都用来陪她，她甚至幻想未来婚后的生活，是她辞掉工作后照顾家里的一切，而自己会被他养着。

我终于明白她为什么不开心了，她在爱情里完全失去了应有的独立。

我们都明白，成年人的生活都很忙，我们每个人每天都要处理很多事情，并且，我们也有自己的兴趣爱好，谁都渴望在爱情里获得一定程度的自由。

而这一切，小雅却不懂，她不知道她日益增加的依赖性，会把男朋友压得喘不过气来。她害怕失去爱情，试图用依赖来黏住一个人，她错误地以为未来的生活有男人就够了。

可是姑娘，那不是爱情应有的样子，那也不是你在爱情里应有的样子。你失去自我，失去了做人的基本品质——独立。到最后你会发现自己越陷越深，短期内，那个爱你的人或许能忍受得了你的过度依赖，但是时间久了，谁都会累的，怎么可能不从你身边逃离？

与其那样，倒不如在爱情里做一个独立的姑娘。不过分依赖男人，不患得患失，始终相信爱情，相信自己当初选择的那个人，给对方足够的自由……这样你会发现，幸福指数反而会高很多。

好朋友冰冰就是一个很独立的姑娘，她明白爱情并非是生活的全部，也懂得好的爱情是需要经营的，而不是一味地依赖着对方。

她男朋友对她也特别好，舍得为她花钱，愿意为她付出。虽然她不像小雅那样黏着自己的男朋友，但她男朋友更愿意花时间陪她。

他们交往三年来，冰冰一直坚持着“生活要靠自己，精神要独立，彼此互相陪伴但要各有空间”的原则。

在大学的时候，冰冰报了很多培训班，她想利用课余时间多考一些技能证书，从而为自己增加一些竞争筹码。我们都知道有一些技能考试的价格不菲，再加上报培训班所需要的学费，这让本就不太富裕的冰冰感到了压力，而此时她男朋友的经济状况要比她好很多，他多次提到，可以为她交考证所需要的费用。

尽管男朋友很乐意为自己承担这笔费用，但是她还是觉得并不合适，能靠自己解决的尽量靠自己。与其花他的钱还不如自己多辛苦一些，空闲时间多做一份兼职，就能挣够这笔钱。

冰冰的男朋友知道了她这个想法之后，非常理解她，也尊重她的决定。对于考证所需要的这笔费用就没再提起，不过他是一个相当细心的人，他想尽一切办法减少冰冰在生活上的开支，他会每天给她送饭，偶尔为她买衣服当礼物送给她。虽然零零碎碎都是小开销，但时间一长，也给冰冰在生活上省了一大笔费用。而且，送饭送礼物这些事儿，不但会让她避免尴尬，还能让她看见自己的心意，促进了两人感情的发展。

就这样，冰冰始终坚持不依赖男朋友的原则，而那个爱她的男人一直用一种很巧妙又自然的方式默默地帮她，两个人走过了一个又一个春秋。

两个人相处，很多时候就是这样。当你费尽心思苦苦追求时，结果往往会不尽如人意；而当你顺应事情的发展规律时，很多你想得到的，自然而然就会来到你的身边。

在感情里独立，在生活里自立，这是每一个年轻人的必修课。成年人的世界很现实，容不下我们任何一个人耍性子，也容不下我们懒惰、逃避，更不允许我们把对生活和爱情的所有希望都寄托在另一个人身上。

对此，我们不妨换一个角度来看。在感情里，如果你为了所谓的安全感而把自己的精力全部用在对方身上，不可避免的是，你在不知不觉中就会对他产生一种重度依赖，但对他而言这种依赖是束缚。

纵使那个男人很爱很爱你，他也会有疲惫和厌倦的那一天。这样一来，你们的感情之路肯定越走越难。

他值得依赖，但你不能过度依赖，不然最后受伤的肯定是你。

唯有独立的姑娘才能在感情里获得话语权。你想，如果你没有工作，也没有存款，所有的一切都要依靠男人，慢慢地，你就会在他面前变得越来越卑微。

我一直认为，这个世界上没有绝对的爱，这个世界上也没有绝对能让你依赖的人。

当你真正独立，真正明白爱情的意义，真正成长起来以后，你就会懂得，独立的姑娘根本不担心，也不会害怕失去幸福，因为独立会让她活出自己的模样，会让她守住自己的幸福。

做一个独立的姑娘吧，在感情里不依赖男人，在生活里不依靠任何一个人。要为自己而活，去追求自己内心深处真正渴望的东西。

别把打开幸福的钥匙，交到别人手上。

## 即使一个人生活，也要底气十足 <<

小涵经常向我倾诉她和她男朋友之间的烦心事，比如吐槽她男朋友周末宁愿打游戏也不陪她逛街、总嫌男朋友不够关心她、吵架时男朋友不懂哄她等一系列情感琐事。

上周六，她约我去喝咖啡，这次不同于以往，她并没有向我吐槽太多男朋友的不好，而是给我讲了她最近在这段感情里的感受，就是严重缺乏安全感。

小涵说："以前我们俩虽然也经常吵闹，我也经常吵着和他闹分手，可我心里都明白，他根本不可能和我分手，而我也只是通过分手让他珍惜我。可是最近，尽管两个人的关系还是老样子，而我却闹腾不起来了，也开心不起来了，更多的是焦虑和恐惧，生怕哪天他就和我分手了。"

我劝她不要想那么多，感情发展到一定程度，自然会给人不同的感受，内心缺乏安全感也是很正常的，不要太过于焦虑，应该把生活的重心放在工作和学习上，平时可以通过转移一些注意力来分解缺乏安全感给自己带来的不适。

最后，我告诉小涵，感情并不是一成不变的东西，在一段感情里，你可能会变，男朋友也可能会变，我们不能把对生活的所有期望都寄托在感情上，而应该期待生活和自身的努力给自己带来惊喜。

小涵不是个例，她也像有些女人一样，在感情里都比较容易缺乏安全感。

很多时候，她也并不是真的没有安全感，大多都是心理上的一些问题，或者说她觉得这段感情给予她的安全感没有达到她内心期待的数值。

在我看来，大多数人的顾虑都是多余的，只是因为太过于敏感，以至于把自己绷得特别紧，在两个人相处的时候，对方的一些行为举动都会影响你，甚至他一个小小的情绪变化，或者对你说了一句和往常不同的话，都会让你焦虑很久。

这是一种非常不健康的状态，多发生在女孩子身上，而且这样的女孩子，我最近遇到了很多，她们缺乏安全感的程度或轻或重，但都足以引起注意，是时候提高一下自身的安全感了，生活也好，爱情也罢，都是如此。

如何才能切实有效地提高自己的安全感呢？大家都知道要提高安全感，但任何事情行动起来都远比语言表达困难，提高安全感也不例外，不得不承认，这对于很多人来说确实是一件头痛事。

不妨先来详细地分析分析，自己为什么缺乏安全感，搞清楚了自己的问题，才能对症下药，才能更好更快地提升安全感。

一般情况下，你对这段感情付出太多，把自己的生活希望都寄托在了男友或老公的身上，所以你无比在乎，在乎他的一切，你也害怕，害怕哪天他突然离开，让你输得措手不及。

太害怕失去，往往就是缺乏安全感的最大原因。很简单的道理，如果你不害怕失去一样东西，你也不会去关心它的存亡，怎么可能因为它而没有安全感呢？

你对他的爱过度了，精神层面全都是爱情，爱情里全都是他，换句话说，他就是你的精神支柱，你害怕，哪天这根柱子倒了，你会彻底崩溃。

另外一点或许就很直白了，你很穷，没有什么经济能力，生活处处要依赖他，从而导致你对生活没有信心，让你非常非常不安。

经济来源全靠男人的女人应该不多，毕竟现在大家多多少少都能靠自己赚钱，就怕那些一旦谈了恋爱就辞职，做全职女友或者全职太太的人，这样的话，一旦分手断了经济来源，肯定影响生活。

当然，如果两个人经常吵架，或者双方的父母反对这段感情，再或者长期异地，都会让彼此缺乏安全感。

就这样，来自四面八方的焦虑，让你每天都很疲惫。

那既然已经明白了问题所在，接下来就要咬咬牙去做一些改变了，这也正是提高安全感的关键，任何没有行动的想法都是苍白无力的。

那么，我们具体要去做什么呢？

首先，女人你就先别老想着你的爱情了，这个时候对你来说，最重要的事情就是要先解决经济上的问题，再通俗点儿说，先挣足够的钱吧。

如果你本来就不依靠男朋友生活，完全靠自己的双手吃饭，那努力赚钱会让你更加地专注工作，这意味着你不会把太多的时间和精力放在爱情上面，也不会纠结太多鸡毛蒜皮之事。

你也别嫌我俗，目前为止，从某种层面上说，没有什么比钱和财富更让人有安全感了，凭借自己的努力挣来的钱，它可以让人脱离物质方面的束缚，它让人获得一定程度的财务自由。

这点至关重要，我们把这个观点平行到感情里看看，如果你有很强的赚钱能力，在经济上也不会去依赖他，甚至比他还要好一些，那你绝对不会那么害怕失去他了，因为你明白，没有他根本没什么，自己一个人照样可以生活得很舒服，这就是提升安全感的最好办法。

除此之外，就是你面对感情的态度，千万别卑微，因为你越卑微，就会发现对方越不尊重你；你越卑微，他就越觉得你离不开他，这样会让他有种高高在上的感觉，他越膨胀，你越危险。

你心里要明白，现在男女平等，在感情里也没有贵贱之分，你不要因为怕失去他而让自己终日惶惶不安，不然的话，越是如此，你越难以获取安全感。

始终提醒自己，爱一个人就去深爱，如果你付出了应该付出的，但是他却不珍惜，那就说明他不值得你爱，勇敢一些离开他，因为这种情况，你至多将就这一阵子，不可能委屈自己一辈子。

我最看不下的就是，有的女人在感情里活得低三下四，都什么年代了，何必让自己遭受那种折磨，不如潇潇洒洒地活上一辈子！

只有内心坦坦荡荡无所畏惧，你才能很自然地提高安全感。

一直以来，我都认同一个观点，那就是在这个世界上，除了小时候爸妈给的安全感之外，剩下的安全感只能全部靠自己了，朋友对我们而言永远是一个伴儿，爱人对我们来说，只是走完人生之路的伴侣。

唯有通过自己的努力，选对方向，找准自己的位置，不断地尝试，用勇气和胆量为自己的梦想拼搏，仅凭努力的这个过程，就会给我们带来莫大的安全感，心中有一个念想，也就有了一个期盼，我相信时间不会辜负任何一个努力的人。

等到那个时候，我想你也不用任何人给予你安全感了，即使一个人生活，也会底气十足，元气满满。

## 优秀的女子，从来都不缺少人追 <<

不主动追求一直是很多姑娘的习惯，大多数女孩子的原则都是“我若盛开，清风自来”。

小迪就是一个从来都不会追男孩子的姑娘，虽然她的条件挺不错，但是二十五岁的她从没有谈过恋爱。她经常吐槽说，每当和别人说自己还没有初恋时，身边的朋友都不相信，都觉得她只是不愿意公开自己的恋情罢了。

然而，真相是她一直单身，除了在大学三年级的时候有一个男生追她，还被她拒绝了，这几年也没有男孩子向她示好，自己也不愿意主动去参加很多异性的聚会，和异性朋友的关系都很淡。别人问她着不着急，她说，虽然已经到了谈婚论嫁的年龄，但是这么多年来，她已经习惯了一个人生活。

小迪的情况应该很普遍，没有人追求的姑娘，自己也不主动，脱单的事情还真的很头疼，不过小迪心态好，她不着急。

有一部分女孩子会为自己的幸福着急，心想着，这么大年龄了还是单身一人，这辈子看来都难以遇到自己的白马王子了。

不管是不愿意主动的姑娘，还是即使愿意主动也没脱单的姑娘，说到底都是单身待解救。年轻的时候还好，可到了一定的岁数之后，不仅自己需要找一个人过上稳定的日子，家里人也会要求我们去成家，去养育孩子，这也是一个人的责任。

老朋友都知道，我平时会给读者们分析一些感情中可能出现的问题，有一件很有趣的事情，就是我经常在公众号后台看到有人留言，“道理我都懂，现在就差一个男朋友”，每当这个时候，我都会觉得好尴尬。

看来对于年轻人而言，最大的感情问题不是分手后如何挽回，不是如何从前任的阴影里走出来，不是如何经营感情，不是交往时的矛盾如何解决，而是，如何快速脱单。

但是，脱单这事儿，不能太着急了，太急了很容易出现问题，阿茜去年的那段感情经历就是一个典型的例子。

说来话长，去年春节的时候，阿茜的家人就一直催她，毕业都好几年了，同龄人孩子都有了，她连男朋友的八字都没一撇，抱外孙心切的爸妈叨叨了她一个假期。

阿茜是一个懂事的孩子，她哪舍得让二老生气呢，再说了，自己一个人在北京拼搏了这么多年，也是时候找一个愿意陪伴自己、懂得爱自己的男朋友了。

于是，她就在朋友的撮合下认识了一个小伙子，他和她同岁，在中关村做编程工作，两个人见了几次面，阿茜觉得他还可以，挺会说话的。

他们认识大概有一个月左右的时候，那个小伙子向她表白，并答应她很快就能和她见家长谈结婚的事情。说真的，当时阿茜自己都觉得太快了，一切都还没反应过来，就开始了恋爱，但是，她又害怕错过眼前这个最佳脱单机会。

可谁都没想到，在一起还不到一个月，小茜就发现她新交的男朋友竟然已经结婚了，老婆在他们老家，他一个人在北京工作。小茜问她朋友这是怎么回事儿，她朋友并不知情，说他只是公司的一个同事。

你看，就是因为太着急了，有一些事情小茜还没了解清楚，就和他在一起了，这才被人骗了。这件事再次说明，我们真不能太快开始一段感情，一定要经过很长时间的交往，两个人互相了解之后，再考虑要不要在一起，千万不能因为谈恋爱而谈恋爱。

不论是男人还是女人，都一定要找个各方面都和你相当的人作为人生伴侣，三观要正，门当户对。你是一个什么样的女人，就会配得上什么样的男人，如果你想找一个优质的男朋友，那你首先要做的就是让自己先优秀起来。

非常简单的道理，不过你可能会疑惑，什么样的女生才算优秀呢，那些优秀的男孩子最想追求什么样的女生呢？我们从下面这五点来具体谈一谈。

第一，你要让自己更好看一些。

你知道，男人的眼光其实是很挑剔的，男人没有谁是瞎子，在追女生时，首先会看脸，不要说男人肤浅，搁你身上，你也会这样的。

不排除有人会透过一个人的外表看内在，但那毕竟是少数，大多数的人开始都很在乎一个人的外表，精致好看的女人很明显要比粗糙邋遢的女人受欢迎。

你可能会说自己天生长得就不漂亮，除非去整容，要不改变不了，要我说，这都是借口，颜值不够妆容来凑，这么简单的道理，你一定会懂。

第二，多抽时间健身，身材好的女孩子最迷人。

这点其实还是在说外表，我身边有很多女生，她们看起来整天病怏怏的，很憔悴。很明显，这类姑娘肯定是那些不懂生活、对自己很随意的人。

说真的，对于男人来说，他们才不会喜欢一个对自己身体和健康都不负责的女孩子呢，因为通过这一点，他就可以看出来你是不是一个自律、追求品质生活的人。

第三，做一个阳光的女孩子。

其实这一点包括很多方面，蛮重要的，做好了就意味着有了更深层面的进步。

不论是男人还是女人，谁都不会喜欢小心肠、爱占人便宜、随便议论别人、整天疑神疑鬼的人，每一个人都渴望靠近那些阳光积极向上的人。

再者说了，你即使不为找男朋友，只为了自己，也要坚决改掉那些不积极、不健康的习惯。

第四，努力把自己变成一个“有钱人”。

有的女孩子总以为有了男朋友就有了一切，错，你千万不要想着去依靠男朋友，你要独立，不仅在经济上独立，思想上也要独立。

关于独立和努力，只想说一句，凡是那些活得很有底气的女人，没有一个是靠男人的，全是靠自己努力得到的。

第五，始终相信，属于你的东西，时机成熟了自然会来。

我一直告诉我的朋友，年轻人，最怕浮躁和焦虑，因为一旦这样，就很容易出岔子。姑娘，你付出了，然后你就要相信总会有收获的，面包会有，爱情也会有。

当今的社会，女人也应该像男人一样拥有自己的梦想并为之奋斗，你可能会说我这是陈年老鸡汤了，但是你可别瞧不起这碗汤，因为很多人至今都没有成为我说的那种女人。

姑娘，生活本来就很公平，能和谁谈恋爱一定程度上都是由我们自身决定的。你总说，没有男人来追你，你总说老有人嫌弃你，可我从来没有听你说过，你自己究竟怎么样。

不论是男人还是女人，只有自己先优秀起来，才有机会接触更优秀的异性，才可能找到一个优秀的伴侣，如果自己都不优秀，那我们有什么资格要求对方是一个优秀的人呢？

努力吧，生活不会亏待任何努力的人，感情也从不会怠慢任何一个用心的人，我们应该做一个有想法、有追求，愿意将自己变精致的人。

有时候，你觉着爱你的男人遥遥无期，其实，说不准就在下一个路口。

## 你只有足够强大，才有不惧一切的勇气 <<

前段时间，小夏找我倾诉她遇到的一些烦恼事。恋爱谈了一年半，她觉得男朋友没有了以往的热情，她说两个人刚在一起那半年，他是小夏心里的百分之百先生。因为工作原因，她经常晚上九点才下班，他每晚都乐此不疲地开车送她回家，要知道他们两个人不在同一个公司，他在东城她在西城，即使是他晚上要加班，也会早早地安排好时间，准时到小夏公司等她。

不仅仅如此，上次生日，白天他为她订了一大束玫瑰送到了公司，那一瞬间她觉得自己是天底下最幸福的女人。晚上他又接她去了经过他精心布置的餐厅，安排乐队现场为她演奏生日快乐歌。小夏说，当时真想马上嫁给他，真的太幸福了。

可是现在呢，他对她的热情不再，从隔一天接一次上下班，到一周接一次，直到现在已经有两个月没来接她了，从以往的“楼下等你”到现在的“才九点，还有地铁”，和从前相比简直就是天壤之别。他在感情里的状态也远不如从前了，对小夏经常爱搭不理的，冷淡了很多。

最主要的问题还是，小夏觉得男朋友不够珍惜她了，好像在他眼里小夏的爱一点儿也不值钱，现在的他觉得生活有小夏可以，没有她也能过。很明显，小夏在这段感情里的地位已经非常被动了，在她男朋友眼里并没有那么重要，这就让她很没有安全感，总觉得两个人会说分手就分手了。

短短半年，为什么改变了这么多，这中间究竟发生了什么？实在没办法了，她想让我为她出出主意，她想知道究竟什么样的女孩子才能让男朋友一直对她倍加珍惜？

在感情里，有的女人很被重视，男朋友对其是捧在手里怕摔了，含在嘴里怕化了；有的女人却被冷落，有你没你都无所谓，不被顾及感受，不被尊重，甚至经常被伤害。

两种情况的区别，一种是男人的心很坏，人品很差，从确定关系那一刻，他就没有打算要和你好好谈恋爱，没有担当，不懂珍惜和付出，那这段感情注定走不下去。这种情况比较极端，试想，如果一个人品很差的男人和你谈恋爱，指不定搞出什么让你难受的幺蛾子，这种情况下，你得不到珍惜是对方的原因。

另一种情况就是与女人如何对待这段感情，以及在感情里活出什么样有关系。一般来讲，那些越视爱情为生命的女人往往越不被珍惜，甚至会活得很卑微，而越是在感情里活得潇潇洒洒的女人，越会被视为珍宝，被捧在手心里。

为什么呢？

仔细分析一下，如果你视爱情如命，肯定会让他觉得你离开这段感情就无法保持现有的生活质量，或者说你的生活和未来已经完全寄托在了他的身上，他会因为你的依赖而满满的成就感，可是时间久了自然就会出现问题。

小夏就是这样的女孩子，在她吐槽完男朋友的不好和变心之后，我让她试着在感情里说了说自己的表现，她给我看了一封男朋友写给她的信，突然之间，我好像明白了他为什么这半年变化这么大。

信里说，她在感情里极度缺乏安全感，而且生性多疑，刚在一起的前半年，他一直都在尝试各种办法给她足够的安全感，每天晚上开车去接她就是为了让她明白，为了她，他可以不畏风雨、推掉自己的事情，生日派对上他邀请了好朋友到场，并一一向他们介绍她，把她公开到自己的朋友圈是为了让她相信他对她的爱是真心的……

为了她，这半年他付出了很多很多，然而这一切都未能改变小夏，她对他的依赖感越来越强，安全感丝毫没有得到满足，还是非常担心有朝一日会失去他。后来，她一度怀疑他不再爱她了，对她不再上心了，经常从网上搜索各种套路去试探他，这让他越来越失望，在感情里越来越无力，他在信里也提到两个人先分开一段时间。

正是这些，才让小夏觉得他已经不再爱她了，他不再像以前一样珍惜她了。在我看来，他们两个人的感情问题挺复杂的，各有各的道理，旁观者清，这段感情发展到今天这种地步，我们不能武断地说谁对谁错。但是我们至少可以明白，什么样的女人更容易被男人用一生去珍惜。

综合上述小夏的故事，根据以往对于感情问题的研究，可以得出在感情里具备下面这三种特点的女人，往往备受珍惜和尊重。

第一，独立、有主见，自身有很不错经济能力的女人。

这种女人在经营感情时，往往能掌握主动权，她不会黏着他，更多的时间她会放在工作上，当然，她也有相当一部分时间是用在约会上的，爱的时候轰轰烈烈地爱，该工作该用心生活的时候，她又能走出来好好生活。

另外，因其经济独立，会让她底气很足，不至于总担心被甩，也不必担心什么时候因爱情不顺利而被生活抛弃，这就是女人的安全感，自己给的安全感。

第二，她们会把大部分时间都用在生活上，而不是纠结于爱情里的琐事。

正如第一条中，她们在感情里独立，不会一直黏着对方，聪明的女人会把自己的时间用在做自己感兴趣的事情上，因为她们明白纠结感情里的琐事没有任何意义。

我想不论是男生还是女生，如果在恋爱中有很多乱七八糟的事情，都特别容易招人烦，与其如此，倒不如自己去做一些自己感兴趣的事情，比如学一些工作中能用到的技能，或者学一门不错的手艺，为自己的生活添加一些趣味。

第三，她们会一直追求让自己变得更好，提升自己的内涵和气质。

这样的女人是明智的，她明白生命的意义与价值，无论何时何地与谁在一起，她都能过得很好很舒服。

真正聪明的女人，追求的是高品质的生活，有对生活无比认真的态度，只有那些傻傻的姑娘才会把一切的重心都放在一个对明天来说是未知数的男人身上。姑娘，试问如果你是一个男人，你愿意和一个懂生活、积极上进、经济独立的女性在一起，还是愿意和一个整天纠结情情爱爱、分分合合，以及活得很粗糙的女人在一起？

我想 99% 的人都会选择前者吧，99% 的男人都会珍惜那样的女人。

姑娘，请你相信，感情里的安全感来自自己，千万别指望男人给你安全感，靠不住的。只要你足够优秀，足够强大，有不畏惧一切的勇气，什么分手、什么男人变心了，在你眼里或许就会变得微不足道。到那个时候，不用你说，他反而会倍加珍惜你。

你想，是不是这个道理呢？

## 用心一些，一切都会好过你的想象 <<

感情这件事，谁都说不准，这一秒可能是朋友，下一秒就可能变成了恋人，一转身也可能就变成了路人。

我们常常会因为对方的一个行为而心生爱意，也可能会因为对方的一个行为而彻底改变对他的看法，所谓细节决定成败，大概就是如此。

对于很多女孩子来说，应该活得精致、很在意生活中的小细节才对，尤其是在自己喜欢的人面前，更会小心翼翼，生怕一不小心就毁掉了自己经营很久的女神形象。

每一个人在别人印象中都有一个特定的标签，这个标签就像“个人品牌”，让人一听到名字就能想到我们是一个什么样的人、做什么工作、为人处世怎么样等。我们在别人心中形成的标签，就是我们的羽毛，一定要倍加呵护，我们的每一个行为习惯、所做的每一件事情都可能影响它。

如果一个女生很懒惰，而且一点儿都不注意自己的外表，会让人一眼就能看出来，这个女生平时的生活一定很粗糙；如果一个女生张嘴闭嘴都是脏话，不分场合地吐槽骂人，很明显，这种女人也很容易引起别人的反感；如果一个女人在交往的过程中习惯性无理取闹，一点儿都不懂得维护感情，那这样的女人也一定会让她的男朋友反感。

当然，男人既然会对女孩子的某些行为产生反感，那也会对女孩子的某些行为心生爱慕，甚至有可能因为你不经意间做的一件小事，深深地爱上你。

那么，在男人眼里，女孩子的哪些行为会让人心动呢？

第一，善意满满地照顾小孩子或者老人的时候。

没有人会不喜欢善良的女孩子，而且正是这些传统美德，才让一个男人更加坚定地认为，娶你没错。

姑娘，自己想想啊，以后你们肯定会有自己的孩子，家里也会有老人，尽管我们都知道夫妻两个人都要照顾老人和小孩，但不得不承认，在很多男人心里，在照顾家庭、老人和孩子方面，他们会更依赖女人，再加上男人会把更多的时间和精力用在工作和应酬上面，相对于女人而言，他们对家庭的关心和照顾会少很多，这是很难改变的现实。

所以，男人会有种潜意识，就是要找一个能帮助自己一起顾家的女人，这是内心深处的需求。

第二，当女人很有耐心地和人讲话时。

不知道从什么时候开始，好好说话变成了一项难能可贵的技能，浮躁的社会，让很多人变得很暴躁，环顾四周，你很容易就能看到那些当街大吵大闹的情侣。我觉得那样不好，不论是男人还是女人，保持冷静，耐着性子和人讲话，这是最基本的礼仪和个人修养。

遇到说话非常有耐心的女生时，都会不自觉地被她吸引住，这是一种人格魅力。基本上，所有的男人都很厌烦那些讲话时大吵大嚷，一言不合就闹腾的女孩子，他们嘴上可能不说，但是内心深处却一直渴望身边的她是一个遇到事情可以耐心和他说话的人。

如果你能做到对人有耐心，这是一种难能可贵的个人修养，会为你加分。

第三，你和他见面时，打扮得很得体很漂亮。

真爱一个人更多的是爱她的内在，爱这个人的品德和修养，这是没有争议的。对此，诗人吴桂君在《喜欢一个人》有精彩点评："喜欢一个人，始于颜值，陷于才华，忠于人品，痴于肉体，迷于声音，醉于深情。"

始于颜值，说直白点就是在你们约会时，只有你好看，才能拉近你们两个人之间的关系，试想，如果你穿得乱糟糟的，也没化妆，整个人看起来就像刚睡醒的样子去见你的男神，肯定没戏。

哪怕只是一个很简单的会面，在男人心里也是极度渴望站在他对面的是一个很精致很漂亮的女孩子，这不仅仅会让他心情很愉悦，更会让他觉着，你特别在乎他，特别尊重他。

第四，你温柔体贴的样子，没有男人会拒绝。

现在很多姑娘都自称女汉子，别傻了姑娘，女汉子只是大多数人的谦称，或者说那是人家对自己强大内心的一种委婉表达。你千万别真的以为粗犷豪爽、不修边幅，做什么事都特别男人就是有个性。

之前做过小调查，大多数男人表示，相对于女汉子，他们还是喜欢软妹子。你想啊，男女之间就是要互补啊，他一个男人当然想在你面前很男人了，而你如果把他的戏一块儿演了，我觉着你俩指定没戏了。

这是非常简单的小道理，我觉得你可以有自己喜欢的打扮风格，就像中性风看起来很像男孩子，但这和很男人不是一个概念，和很多男人不修边幅随随便便更不是一个概念。

第五，姑娘深情的时候，可以暖化他的心。

有的女孩子不会表达自己的爱，即使很爱，她也很难流露出深情的东西，这一点让男人有点受不了。其实男人和女人是一样的，就像女孩子不确定男朋友是否真的爱她，会在心里犯嘀咕，男人也会。

我可以很有信心地说，那些善于流露深情的女人真是太招人喜欢了，哪怕你偶尔要要小情绪，在他怀里哭上一会儿，也会让他喜欢得不得了。

深情，这从某种层面上讲，也是一个人的技能，是一个人的能力。

说到最后，有必要解释一下，写这些并不是鼓励大家为了讨得男人喜欢而刻意改变自己，我只是建议女孩子要多注意一下小细节，人的风度和魅力都来自我们生活中一个又一个的小细节。

女孩子活得女人一些会更好，因为不论男人怎么变，他们喜欢的永远都是更好的女人。

如果你现在还是单身，那就请你从现在开始，改掉自己的不良习惯，学会追求有品质的生活，多读书，多运动，慢慢地完善自己，有男人缘不是天生的，而是后天努力得到的。当你真正去要求自己时，你就会变成一个招人喜欢的姑娘，这可以帮你更快地找到另一半。

如果你正在恋爱中或者已经结婚了，能做到上面这几点，我想你会活得更有底气，因为你的优秀会让你自信，而那些不珍惜你的男人，只能说失去你是他们的损失。

话说过来，如果两个人在感情里都很优秀，那我想这段感情一定非常甜蜜，彼此之间互相欣赏、互相爱慕，这是最好的爱情保鲜剂。

多用心一些，或许一切都会变得好过于你的想象。

## 努力的姑娘，你早晚会被人刮目相看 <<

我在大学里有一个很好的朋友，认识她好多年了，她给我的印象一直以来都是特别努力，特别能干。和她认识于大学一年级，那时候大家的主要任务就是学习，也有一部分学生在学校做学生工作，参加各种社团提升自己，很少有人既能把成绩保持住，又能在社团活动方面做出成绩的，而她就是一个例外。

后来，我选择了创业，而她选择了考研，并如愿被国内一所顶级学府录取，这对于我们普通高校毕业的学生来说，已经非常了不起了。曾经有人问她，每天都那么拼，难道就不累吗？女孩子干吗那么拼，有一个基本的学历，以后能嫁个好老公就可以了。

而她说，那不是她的生活，女人也要有梦想才行，这个社会不会因为你是女人就可以不奋斗，男女是一样的，都要努力为自己未来的生活而奋斗，尤其是女人，千万不能把对未来生活的希望寄托在男朋友身上，应该努力拼搏收获属于自己的东西才行。

我很佩服她，一个普通的女孩子，一路走过来，很不容易，坚持着自己的梦想，慢慢地变成了让众人刮目相看的姑娘。

一直以来，我都坚信在这个社会里，男女之间早就不应该再存在什么差距，男人要有理想和事业，女人也一定要有追求。

身边有一些姑娘，她们往往会忽视自己在生活中的存在价值，没有梦想也没有自己的人生规划，只是把更多的精力用在追求感情里的存在感，这让她整个人都变得很敏感，很累。

这种情况对于一个年轻人而言，非常可怕，因为在二十多岁的时候，正是人生奋斗的最佳时期，不论你的家庭条件有多好，只有通过自己的努力才能实现自己的人生意义。

年轻人最重要的就是实现自己的价值，男人是这样，女孩子更是这样。每一个女孩子都应该有自己的梦想，有自己的人生规划，对未来的生活、对当下的选择要持有自己的见解。

接下来，我们一起聊聊女孩子如何才能活得精彩，如何才能防止自己变得庸俗无为。

我是一个不安分的人，很多在别人看来很稳定的工作，在我看来就是浪费生命。我喜欢尝试新鲜的东西，大学还没毕业，我就开始注册公司创业，前前后后折腾了很多项目，现在回归老本行，做新媒体，写文出书，做文化内容产业。

一路走来，得到很多，也有很多经验要和大家分享。

第一，其实你当前所困惑的，都是因为没搞清楚自己的兴趣。

很多姑娘会问我："闯哥，最近我觉得自己的状态好差劲啊，生活方面处处不顺，什么也不愿意做；工作方面也特别闹心，经常因为一些小事被领导批评；感情方面和男朋友的关系也不好，心烦意乱，总是会为一点小事和他大吵大闹。"

如果你没有找到自己真正感兴趣的东西，不知道自己究竟喜欢什么、要做什么样的工作，那你只能随随便便找一些活维持生活，肯定不会有自己热爱的事业。所以，平时你就会变得很无聊，甚至会对自己所做的工作产生厌恶感，剩下的只有逃避。

工作上的不顺利，肯定会对你的生活产生不利影响，烦躁、焦虑情绪也会随之而来，然后影响你的感情，以至于感情里的任何风吹草动都会让你异常敏感。

所以，我还是建议你，首先去找自己的兴趣点，不论哪一行，只要喜欢就去做，多请教前辈，多学习，先把自己充实起来。

方向非常重要，一定要找对适合自己的方向。

第二，在年轻该奋斗的时候，千万不要选择安逸。

二三十岁的年纪，千万不要让自己成为一个废人，即使有一个人深爱着你，你也要学着去努力，去独立，不要觉着有人爱，他就可以帮你包办生活和工作。

在我看来，再也没有比努力奋斗对年轻人更重要的事情了，二三十岁的年龄正是为未来拼搏的时候，我们必须努力提升自己的工作技能，只有让自己在所处的行业里具有很强的竞争力，才不会担心有朝一日被社会淘汰。

我一直在提醒自己，不论是处理感情问题，还是处理生活问题，都得记住，在感情里安逸容易被人甩，在生活里安逸会被生活抛弃。

第三，选择一份值得你一生努力的事业，然后坚持下去。

姑娘，你应该听闻很多成功女性的励志故事，她们有自己热爱的事业，并愿意为之坚持，做出了很不错的成绩，这往往是让男人刮目相看的。

我觉得这才是女人最美的样子，梦想不分大小，只要能完成自己给自己设定的目标就是成功。

比如现在，如果你想成为一个作家，那你就坚持写；如果想做一名商人，那你就开始提升自己，学习专业知识，找准领域然后努力去做。只要你坚持付出，我想明天一定不会辜负你，你会成功的。

那些在经济和生活方面特别独立的女人，她们在感情方面遇到的渣男会很少，她们普遍都很幸福。

事实上，所谓渣男，大多数人都是没有能力和社会地位的，非常懒惰，不愿意为未来而努力的人，要想彻底避开他们，最好的办法就是不和他们生活在一个圈子里。姑娘，你应该加入更有价值更优质的圈子，和什么样的人在一起，自己也会慢慢地受其影响。

这就是为什么说，那些在经济和生活方面独立的女人，她们很少会被渣男打扰，能让自己在生活里过得很丰富。

很简单，她们努力将自己变得很优秀，从来都不会想着从男人身上得到些什么，没有物质上的依靠，爱就是爱，不爱就是不爱，感情方面倒很单纯，不给人渣接触的机会，要知道，你是什么样的人，你所接触的就是什么样的人。

所以，做一个努力的姑娘吧，不要再为了男人的离去而担心生活问题，不再担心没人要你。只有你很有上进心很努力，男人才会对你刮目相看，追你都来不及，好姑娘都很抢手的。

## 优雅的女子，都善于学习 <<

琳琳是我大学认识的一位好朋友，她人缘特别好，朋友非常多。和她认识这么久以来，追她的男生只算我知道的就不低于十个了。据琳琳说，她有一个烦恼，就是总要想办法拒绝追求她的男生，以及拒收他们送的各种礼物。

闺密都非常羡慕她，因为有的人努力追也追不到的男生都排着队去追琳琳了。其实，琳琳长相也并没有大家想象中的出色，但也不算差，中等偏上，身材不错，情商非常高。她特别会说话，不论是男生还是女生，和她相处起来，都会觉得非常舒服。

不得不说，在相处的过程中能做到让别人舒服，这是一门学问；能让那么多男孩喜欢和追求，这是一种能力。琳琳同时做到了以上两点。为什么琳琳的男人缘那么好，总会有这么多异性愿意和她做朋友呢？

其实，琳琳已经有男朋友了，并且，她和她男朋友的感情也非常好。她男朋友曾经说过："我和琳琳在一起，真是一种享受，她会让我感觉特别轻松，我们在一起快一年了，按理说早就过了热恋期，但是每次我和她在一起的时候，老感觉时间过得太快了，这甚至让我逐渐地对她产生了依赖。"

此时此刻，或许你心中也会有疑问，究竟怎么样才能达到琳琳的那种境界？记住一点就好，那就是男人之所以更愿意和这样的女人相处，本质原因就是和她相处时的体验感觉很好。

在人与人之间的相处过程中，如果你能让对方感觉很舒服，那你在各方面一定都很优秀，情商会很高，肯定也很会说话，这是一种境界，一般人很难达到。但是，正是很难达到这种境界，所以才会让人觉得难能可贵。

为什么有些姑娘就能被那么多男人爱慕、追捧？或许咱们无法定义那些特别招人喜欢的这个群体，但是我们可以很清楚地罗列她们身上的一些特征，以下这些都是她们招人喜欢的原因。

第一，那些特别招人喜欢的女生，肯定很会说话。可不要觉着这是一件小事，很多人都做不好，会说话已经成为当今社会的一项很重要的生存技巧，会不会说话也经常被人用来判断一个人的情商高低。

那么，对于男人来讲，他们为什么偏爱那些会说话的女人？

其实，这从心理学角度上很容易解释。每个人都特别渴望被人赞扬，尤其是男人，他们在异性相处的过程中，特别容易表现自己，不论是在普通的异性朋友面前还是女朋友面前。

他们渴望被赞扬，你的话若能满足他，就能让他在感情里表现得更加积极，他会变得更加愿意为了你们的感情付出，这一点很重要。一直以来，表达都是一门值得钻研的艺术，与人交谈时，每一个字、每一句都决定着人际关系的走向。

第二，男人特别愿意和那些思想和生活独立的女人相处。

独立，在经济上和精神上都很重要。现在很多女生，有了爱情之后，好像对此依赖性特别强，不仅迷失自己，也在感情生活里为对方制造了很多麻烦。

或许他特别爱你，但时间久了，和你相处，体验并不好，也会累。

每个人的爱情观都是不一样的，但是几乎每一个人都想从一段感情里找到自己的归属感，不可能只作为一个付出者从头到尾地付出感情，这是人之常情。所以想想也会明白，男生更愿意和什么样的女孩子谈恋爱。

第三，那些特别招人喜欢的姑娘，优雅、漂亮、精致是她们的标签。

不得不说，男人还是很看重异性外表的，或许你天生五官不够完美，但是通过后天的打扮，多花工夫去做护肤功课，多花心思去捯饬自己的穿衣搭配，慢慢地让自己优雅起来，这样一来，和你相处的人，会觉着你特别尊重他，正所谓“女为悦己者容”。

另外，如果你是一个很精致的女孩子，一定为之付出了很多努力，付出了很多时间和精力，这样一来，我想你自身也会由内而外地散发出自信来。

说实在话，那些特别招人喜欢的女人身上都有上述属性，当然，我从来都不倡导女生为了讨得别人喜欢而改变自己。但是，我倡导女生向那些优秀的人学习，从而让自己变得更有魅力，更自信一些。

有的人总是抱怨，抱怨在感情生活中不被温柔相待，但是她从来没有考虑过自己在感情里，为对方做了什么。倒不如变得更优秀一些，让你爱的人与你相处时的体验更美好一些。利人利己，何乐而不为呢？

## 你取悦自己的模样，真好看 <<

前不久，我受邀参加了一场以“好感情与好生活”为主题的线下分享会，在现场回答了一些提问者的问题，其中有一个问题比较具有典型性。

现场一位姑娘说：“尽管我在感情里懂很多道理，谈过好几场恋爱，可爱情里的一些东西，我明明知道它的本质是什么，但就是不懂如何去爱、如何去处理感情里出现的那些问题，我时常会焦虑，一个又一个问题积压在我的心里，后来也就放弃处理了，直到最后两个人不欢而散。可是您知道吗，我当时真的很爱他，分手的时候虽然很不舍得，但确实没有办法。”

那位姑娘的问题就是典型的“道理我都懂，可仍然无法过好这一生”，这是我们这个时代很多人的通病。

当时我给出的回复是：“其实你不必过于焦虑，所谓的道理都懂，却无法过好这一生，可能是你给自己预设的一种惯性思维，一旦你开始行动，或许一切都会有所好转，焦虑是没用的。”

在我看来，感情里的一些麻烦也好，日常对爱情的保鲜也好，每一件小事都影响着这段关系的未来走向，也影响着两个人在感情里的感受。

如果你们两个人都能用心去经营，发现感情里的问题及时处理掉，那这段感情就能长久；如果你能在感情里做一个用心的人，去做利于感情的事情，有意识地避免不利于感情的事情，这无疑很快就能让你处于感情的优势地位。

我们都知道，一段感情开始于双方的好感，后来互相追求进入热恋期，然后再慢慢地变淡，两个人就像老朋友一样在一起生活，最后或幸福地走下去或遗憾地分手。

看似要经历很多，可是在过来人眼里只不过是一场博弈而已。

我们懂得势均力敌，我们也懂得三观不同不必强融，不合适的爱情很难磨合。然而，当我们真正谈一场恋爱的时候，往往就会变成另外一种态度，忘掉了一直坚持的信条，边走边闻，有时会跌倒，有时会哭泣，有时会失望，有时很知足。

就像感情里的两个人并没有成败胜负之分，成是两个人的事，败也是。

有爱就有恨，有分就有合，有温柔就有冷淡，如何在感情里避免被伤害，如何在感情里占据优势地位，成了很多人的困惑。

我们暂且不说渣男很多，就说一段很常见的分手，也可能将一些女孩子折磨得伤痕累累，这样一来，你就会明白在感情里占据主动是非常重要的。

尽管我一直讲，女孩子在感情里要活出自己的模样，一定要追求内心深处的自由，不能为了维持一段感情而委屈自己。但还是有很多女孩子在感情里活得非常卑微，或许是因为她太爱他了，以至于让她可以在感情里将就一切，为了讨好他，甚至可以伤害自己，慢慢地越来越被动。

说到底，原因无非就是这样的女孩子太怕失去。

姑娘，这样会给你的男朋友一种错觉，一种你离不开他的错觉，这就等于把自己在感情里的主动地位拱手让人了。对于有些男人而言，他们就会因为你的依赖而变得傲起来，这种傲是非常可怕的，会让他放松对自己的要求。

比如他可能会觉得在外边和别人搞暧昧并没有什么，因为即使你发现了也会原谅他，甚至会让他觉得即使出轨也没什么，因为他心里觉得反正你也不舍得离开他。

想想就很可怕，这也是一段感情最忌讳的东西，那基于这个问题，下面我给你一些办法，让你反客为主。

首先，改掉在感情里太依赖人或者说太黏人的习惯，让自己独立一些。

我之前说过，独立的女孩子永远都不害怕失去幸福，因为独立会给人一种自信，会让人对感情生活充满底气。如果你在生活中保持独立，经济上不依赖任何一个人，有自己的梦想和要做的事情，你就不会把太多的时间和精力放在那些琐事上了，才能防止他产生“你离不开他”的错觉，说得功利一些，你就会赢得这段感情主动地位的第一步。

然后，你要在感情里做一个肯花心思的女人，不仅是用心地生活，还要在你们俩感情的经营上多花心思。

我想你一定很渴望自己的男朋友能懂自己，懂你的情绪、懂你的苦衷、懂你对未来生活的规划。那同样的道理，你的男人，也非常需要你了解他的内心，需要你去懂他，反过来讲，只有你明白了他想要什么，你和他相处起来就会轻松很多。

这一点听起来好像很难，但是你只要在相处的过程中，多去留心一下他说的话、多注意他的行为、多去感受一下他对于一些事情的态度，你就能很轻松地明白一个男人在这段感情里究竟想得到什么。

我要强调一下，这并不是说让你去讨好他。

举个例子，比如他最近在忙着做一份报告，要收集很多材料，工作量特别大，时间又着急，这让他很头疼，而这个时候你恰恰想让他陪你逛街。

我们来分析两种情况，第一种情况是，在他很忙的情况下，你执意拉着他逛街的话，那我想你们一定会大吵一架。第二种情况是，如果你多理解他一下，换个时间再让他陪你逛街，而你主动去帮他查资料做报告，那他一定会觉得非常欣慰，一定会因为拥有你这样的女朋友而倍感荣幸。

另外，男人自尊心都很强，你要学会在他失意的时候多鼓励他，而不是嫌弃他，更不要透露出一种嘲笑他的态度。

很多时候，女人多夸男人一些，会带给男人一种深入人心的认同感，他觉得即使全世界的人都不懂他，不理解他，但你可以明白他心里在想什么，你懂他的不容易。在我看来，你如果能做好这点，你就可以牵着男人的鼻子走，没有原因，这是人的本性。

感情是两个人一起经营的，在日常的相处中，多注意把握一些小心理，往往就能在感情里改变局势，还可以及时纠正感情里彼此的一些错误行为。

每个人都应是自己生活和爱情的掌舵人，你一定要时刻保持头脑清醒，把握好自己的方向，及时调整，才能更快更顺利地走向幸福。

姑娘，在感情里做一个有心的人吧，面对感情里的问题学会灵活处理，和男人相处时多动脑、多用心，你就会发现身边的男孩子会对你非常服帖。

之前说，女孩子在感情里要做一个高情商的人，而高情商其实都是通过做好一件又一件小事积累的。要时刻提醒自己，在感情里保持应有的理性，这不仅能给你减少很多麻烦，还会在关键时刻给你很大的帮助。

# 岁月很长，别回头，别将就

Part 4

所谓的诺言

在出口那刻的确为真

无奈时间有可能为它添加虚幻

所谓的爱你

在拥吻当时也为真

却难料同行的并非同路人

凡人若沧海

爱非众磐石

人生的浪花并非独有一朵

在长路中学会盛放

自有清风相随

## 前任让我们明白的那些道理 <<

外边下雨了，带有凉意的秋雨敲打着窗户。

雨季的黑夜是孤寂的，总会令人想起过往云烟，想起那个已经离开许久的人。

我时常会想，一段感情的结束，对我们而言到底意味着什么？在这场相伴的时光中，我们得到了什么？而爱一个人究竟怎样做才是对的？

一段终结的恋情，一半是美好，一半是伤害，只不过很多人觉得美好的感觉不敌最后的伤害。一个人的离去，让我们每一个人都变成了所谓的“情感专家”，懂得了很多情感道理。

失恋，往往是让人成长最快的一件事情。前任让我们明白太多道理了，他们让我们明白了什么是成长和教训，让我们明白了一些要记一辈子的道理。

接下来，我会罗列一些那些前任教会我们的道理，如果哪条刚好是你前任教给你的，你可不要因此再怀念起他，我们而是要因此变得更理性，同时更好地生活。

第一，许多人的诺言永远只是诺言。

很多姑娘经常哭着说："他答应过我，会一直陪我到老，可后来怎么说走就走了呢？我再也不愿意相信爱情了，再也不愿意相信男人说的话了。"

姑娘，不要再天真了，你要明白，当时的诺言是真的，爱你也是真的，后来不爱了分手也是真的。

热恋的时候，我们对未来的生活都极其渴望，但这个时候往往也是女孩子内心最没有谱儿的时候，她会担心，会害怕眼前这个深爱自己的男人有朝一日转身离开自己，所以她会要求他答应自己永不分手，许下对未来的承诺。

可是，哪有感情可以永远在热恋期呢，过了那一段日子，或许他就会忘记自己曾经说了什么，更不用说拿一生去兑现诺言了。

第二，他不是唯一，爱情也不是生活的全部。

姑娘，你要永远记住，生活不只爱情，还有很多美好的事物值得你去追求。

他也不是你的全部，不论他有多爱你、多宠你，遇事你都要学会靠自己，女孩子独立一些永远不会错，那样会让你活得更加有底气，会让你内心充满自信。

我曾经见过很多在感情里特别依赖男朋友的女生，后来分手后简直就像脱离社会的原始人，没有工作，因为以前太过于依赖男朋友，以至于分手后出门连张机票都不会订，不懂得如何生活，也不知道怎么样才能生活下去。

第三，不要爱太满。

不要爱太满，不是说让你在交往时不去真爱，而是你要明白，不要爱得太过，不要做感情里的那个“破釜沉舟”的人，不要最后落得失去了他，心被伤得稀碎，以至于再也没有了爱人的能力。

这是前任留给我们的教训。曾经以为眼前的这个人就是一切，你甘愿付出自己的所有去爱他，不论他是否珍惜这份爱，也不管他内心到底有没有你，这就是盲目过度的爱。爱纵然重要，但在爱一个人之前，一定要学会爱自己。

第四，情深难却，也不要迷失自己。

你是自己的主导者。不管在你们的感情里，还是在你的生活中，你都千万不要因为太爱一个人，而忘记什么才是自己想要的生活，更不能因为太爱一个人，而放弃自己的梦想。

最好的爱情是：我爱你，你也爱我，我们两个人手牵手共同向前走；而你又是你，我又是我，我们彼此之间是自由的，你有你的事情要做，我也有我的梦要实现。

如果因为爱而迷失自己，那这绝对是这个世界上最不聪明的选择。

第五，委曲求全终不得。

姑娘，你不要为了挽留一个人，而把自己搞得伤痕累累，你要明白，如果他不爱了，你再勉强也不会长久下去，乞讨来的爱情不会幸福。

爱情是两厢情愿的事情，你千万不要因为太爱而让自己卑微，恰恰相反，有的时候，你越卑微地乞求，越得不到。

第六，感情易碎，人心难测。

出轨、家暴等伤心事，男人一旦实施了第一次，很有可能就有第二次，甚至更多次。

正如人们最常说的那句话，“出轨和家暴只有零次和一万次”，一旦见到苗头，一定要慎重考虑这段感情。毕竟，当最亲密的人伤害你时，你很难知晓他心里究竟在想什么。

第七，不要寄期望于渣男。

遇到渣男，千万不要欺骗自己，觉着和他在一起还会幸福。当他和你分手，也不要天真地认为他还会回来找你，和你重新开始。

让渣男变好的难度，绝不亚于登天。所以姑娘，在你们相处的过程中一旦发现他很渣，建议你果断离开。

第八，若不当对，也难相配。

爱情里最好的状态是“两个人刚刚好”，这样就不会出现谁嫌弃谁的问题了，也不会出现各种现实问题。相反，一旦家庭社会地位等方面出现不协调、不对等的情况，那你们的感情很难稳定下来。

不得不承认，爱情里的一些道理，当我们真正明白的时候，一定是付出了很大的代价。不过，我还是想告诉你，纵使他当时伤你很深，以至于你伤心欲绝，以为这辈子都不会爱上别人了，然而，到后来你就会发现，他只是你生活中一个普通的无法再普通的过客罢了，而你们的记忆，也终将有一天会泛黄，那时你将懒得再去翻看。

记住那句话：“说过的话可以不算，爱过的人可以再换。”

在受伤之后学会怎么样爱一个人，从此生命中再无分手和别离，足够了。

# 惦念伤己，不如相忘 <<

好朋友笑笑和男朋友分手半年了，然而现在我们每一次出去吃饭，酒过三巡，她还是会向我们讲述她和她前男友的事情。

他们在一起五年，从读高中的时候就在一起了，高考结束那年，他们被同一所大学录取。可以说，这五年跨越了他们两人的几乎整个青春。

笑笑说："你们知道吗？关于爱情，我脑海里的点点滴滴都是他，虽然已经分手半年多了，可是现在每当我去一个我们曾经去过的地方，都会不由自主地想到他。在街边的小吃店会想起他，去商场会想起他，甚至是到了一个公交站牌也会想起他，会想到以前我们两个人冒着雨在这里等车。我已经在刻意提醒自己要忘记他了，曾经再爱都无法掩盖如今已经分手的现实，可是我发现好难，忘掉一个人真的很难吗？"

这个问题，没有一个标准的答案。

每个人经历过的感情都不相同，曾经那段经历在内心留下的印记也不同。有的人可能至今都很怀念以前那段感情，而有的人至今想起来那段感情还会恨得咬牙切齿，所以说，对于上面那个问题的答案，也就不尽相同。

有人说，忘记过去就等于背叛，但我认为不放下过去就是对今天的不负责。

我已经记不清见过多少个姑娘在分手之后久久难以自拔，她们每天都活在失恋的阴影里，觉得那段曾经被她捧在手心里的爱情结束了，以后就再也不会遇到一个那么爱的人了。她们在生活中无比消沉，每天都过着很郁闷的生活，对未来不再抱有幻想。

这种情况就是典型地影响了生活，很不值。过去的事情，走散的人，还是尽早翻篇为好。

我们之所以难以忘记一个人，大多是因为他参与了我们过去的生活，脑子里太多关于他的记忆，甚至走在路上看到公交站牌也会想起，不久前的某个夜晚，你们一起在这里等回家的车。

除此之外，你现在的样子也和他有关，为了他，你曾经改变自己，为了他，你做了很多难以置信的事情，即使是分手了，现在为了他，还在痛苦着。

现在你身边没有了熟悉的他，自然难以习惯一个人的生活。

没关系，每一个失恋的人都会这样，你并不孤独，这个世界上有太多太多的同行人，无论去哪。

或许，你刚分手的时候会觉得自己肯定忘不了他，你内心是抵触忘记他这件事的，然后刚分手的孤独感，会彻底击溃你对感情的希望，所以你越发地感觉离开他，这辈子你可能都爱不上其他的人了。

其实，这只不过是你的假想而已。

有人说，忘记一个人最好的办法就是时间和新欢，之所以久久忘不掉，那是因为时间不够长，新欢不够好。

可是这对刚分手的你来说，只不过是没用的大实话。

正常情况下，刚分手的你，一定没有心思去找新欢，那这个时候到底怎么办呢？

建议你先去清除和他有关的任何东西，当然，如果你能保证不睹物思人，也可以保留，没准儿多少年以后，再看到只是会心一笑。

如果你做不到，那就要狠狠心了，比如丢掉和他有关的物品，删掉几百页聊天记录，别再去有你们俩回忆的地方，如果有条件，搬家甚至换一座城市生活。

这些都能避免你再次想起他，这样坚持一段时间，一般情况下，都会忘得差不多，或者虽然没忘，但是会很淡了，不再痛苦了。

当然，可能他对你的影响实在太大，以至于分手那么久，没有丝毫联系，你还是无法忘掉，无法从中走出来，确切地说，就是时间已经无法冲淡你在这份感情里受的伤了。

这个时候，你就要想其他的办法了。不过必须提醒你的是，脑子里千万不要有死灰复燃的想法，你要保持拒绝的态度，否则，心里老是对他抱有希望，会影响你。

我觉着对于一个女孩子来说，分手以后的那段时间，或许是最好的增值期，这个时候你能更理智更全面地认识自己、反思自己，可以找到自己的不足之处，然后做一些改正和完善。

所以，这个时候你要做的事情有两件：第一件，要重新端视自己，这是一个很好的完善自我的机会；第二件，就是去挖掘自己的爱好，培养一些兴趣，毕竟这个时候你有的是时间。

这样做不仅可以提升自己，更重要的是可以转移注意力，减少分手给你带来的痛苦。

如果还是忘不了，也没关系，这个时候距离你分手，我估计应该有大段时间了，现在和刚分手时的状态肯定不同了。

这时，你要尝试着去接受别人，去找一个“新欢”。要知道，新欢在治愈失恋方面，可比时间有用多了。时间只能让你淡忘，可新欢会让你重新爱上一个人，彻底地忘记过去的不愉快。

不过要记着，你千万不能将就，不要以为找新欢就是为了忘记旧爱，一定要把握质量，不然的话，你就会再次面对分手的问题。

当然，你爱得有多深，你忘记就会有多难。但是你要明白，离开你的男人就是离开了，你再怎么伤心都没有用了，生活本身就很辛苦，何必再为难自己呢？

迈出第一步吧。在试着忘掉他时，一定要学会克服心理上的障碍，不要强迫自己去忘，而是要让这个过程顺其自然，如果你能做到不再因为他而影响自己的生活，那才算真的走出来了。

越故意去忘记，越忘不了，人都是这样。

很多人失恋之后，就不再相信爱情了，她觉得天底下的爱情都是骗人的，曾经那么爱都能分手，那未来也没有什么值得期待的人，所以她再也不肯接受新的人进入她的心，与其这样，真不如慢慢地转移注意力，好好生活，然后把自己的爱，寄放在身边那个在用心爱你的人身上。

如此，最好。

## 不是所有分手都值得挽回 <<

上个月我被好朋友小睿约去喝咖啡，她问了我一个很有意思的问题："你做情感咨询这么长时间了，一定遇到过很多奇葩的感情案例吧，分手的、挽回的，我最近也有一个问题，想让你帮我解答一下，我一直在想，究竟什么原因分的手才值得挽回，什么样的原因不值得挽回呢？"

不瞒你说，她说完，我真的愣了一下，这还真的是一个值得思考的问题。在解答这个问题之前，我必须要充分了解分手的原因，以及两个人的感情状况如何。于是我让她讲了讲她的故事。

前不久小睿和男朋友闹分手，最近正在纠结着要不要挽回。

据她说，两个人的感情始于大学三年级，如今已经毕业一年了，算算在一起也有三个年头了，感情一直都不错。可是，她最近发现男朋友越来越不着调，毕业这么久，连一份正经的工作都没找到，现在每天除了和朋友一起喝大酒，在家睡大觉，就是打游戏，而且最近对游戏可谓痴迷，用“玩物丧志”四个字来形容他一点儿都不夸张。

然而，小睿是一个非常上进的女孩子，她还没毕业就被当地一家非常知名的企业签走了，现在的收入在同龄人里已经算得上优秀了。男朋友没找到正式工作，她并没有嫌弃他什么，而让她受不了的是他开始放弃自己，不求上进。她也劝过他好多次，可他就是不听，酒照样喝，游戏还是没日没夜打，忍无可忍，她提出了分手。

那天，小睿之所以向我提出那个问题是因为从提出分手到我们聊天那天已经有半个月了，他好像醒悟了，她在纠结要不要主动去挽回这份感情。

我想，很多人都有过分手之后又再次挽回的经历，毕竟爱一个人不容易，不能因为一时的冲动就结束相爱很久的恋情。然而，很多女孩子不知道什么样的感情值得挽回，什么样的不值得挽回。

其实，这种情况是完全可以理解的，毕竟每一对情侣分手的原因都不相同，有的是因为家庭原因，有的是因为两个人的感情不和，有的是因为出轨，有的是因为在结婚成家立业方面的意见有冲突，还有的只是因为感情里的小误会……

当然，任何事情都没有绝对的，有些感情的结束或许是因为恋人一时的失误，然后做出了一个错误的判断，从而让你们原本可以很幸福的感情走向终结。这个时候，情感挽回就有了存在意义。在我看来，那些因为家庭原因而被拆散的情侣，很有必要通过双方的努力去尝试着挽回。虽然爸妈的建议出发点都是好的，但毕竟两代人在一些事情上的判断会产生冲突，比如两个人的择业问题，很多年轻人可能都无法理解为什么男朋友的工作会导致爸妈不满意，从而被阻止交往。这时就需要以我们自身的判断来占据主导地位。

还有因为距离而分开的情侣，在满足相应条件之后（比如你们现在同城），可以尝试着重新接触一下，看看能不能挽回。此外，若两个人因相处的时间长了，彼此之间缺乏了新鲜感，这种情况也可以试着挽回，毕竟感情都需要经营，多尝试弥补之前的欠缺就好了。其他的一些没有恶意的和平分手，也可以尝试挽回。

其实，如果讲哪些感情值得挽回，我认为是讲不完的。与其如此，倒不如我们换个角度用排除法。如果你的男朋友不爱你了，分就分吧，别再勉强了，没有任何意义。

接下来说说那些不值得挽回的例子。

第一，当初因为出轨而和你分手的男人，不要去挽回，即使他再来求着你要挽回这段感情。毕竟一次不忠，这辈子就难有保证。出轨的人都很难收心，尤其是当他出轨之后再被原谅时，虽然口口声声承诺以后再也不会出轨，但是一次又一次的事实却会狠狠地打脸。

第二，如果他之前和你在一起的时候，从不为这段感情付出什么，更不懂得去珍惜你，这样的男人，你即使和他复合，我想他的老毛病也难以改掉。

姑娘，你不要试图去改变一个自私的人，如果之前你们因为他的自私而分手，不建议你们复合，江山易改本性难移，他的自私毛病很难改掉。

第三，如果他有暴力倾向，包括冷暴力，更不能尝试和好。毕竟家暴和出轨一样，永远只有一次和无数次，对你家暴一次，就有第二次、第三次、第四次……第无数次。

第四，如果你们的分手是因为他喜欢和其他女生搞暧昧，甚至说是暧昧成瘾，那我一样不建议你复合。

或许他找你复合只是想玩弄你的感情，根本没有要和你在一起好好谈恋爱的准备，和别人搞暧昧，说直白点就是精神出轨，很难保证没有下一次。

第五，如果你们在一起时，他根本不懂得尊重你，好像在感情里他就要比你高出一筹，这样的话，多半是他不够爱你，观念难改，不值得相伴。

总结起来看，如果是因为一些现实的因素分手的，大多可以挽回。如果在结束感情时，对方已经不爱了，那还是分道扬镳比较好。当然，除了上面说的那些，还需要注意的一点是，若三观不同，你复合几次都没用。

一个人的三观决定着他未来生活的方向，以及他对于一些事情的判断和决定，和一个三观不合的人在一起，这一辈子都磨合不好感情。与其再次开始一段错误的感情，倒不如重新去认识一个人，谈一场对的恋爱。

## 我心悦你，你是否心牵于我 <<

最美好的爱情是我深深地爱着你，你也深深地爱着我，我喜欢你三分，你也喜欢我三分。

然而，这个世界上美好的事情总显得不够多，尤其是在感情里，有太多让人难过的事情，可能我在深深地爱着你，但你却觉得我对你而言就是一个负担，总想着如何抛弃我。

晓辰最近就遇到了一个很糟心的事情，她喜欢一个男孩子两年了，因为对自己不够自信，一直不敢表白，直到上个月她才鼓起勇气，对他说出了“我喜欢你”四个字。

可谁料到她喜欢的这男孩子不喜欢她，而且并没有直接说出“我不喜欢你”，他以高出朋友关系的那种态度对她，给她一种他喜欢她的错觉。前段时间，晓辰一度认为他们两个人马上就要在一起了，可是后来从一个朋友那里得知一个事实之后，她很难过。

那个朋友是这个男生的好哥们儿，这位朋友说，其实这么久了，晓辰喜欢的这个男生根本就不喜欢她，只是觉得她很好玩很有趣才和她一起的。

晓辰真的很难过，原来自己喜欢这么久的男生不仅一点儿都不喜欢自己，而且还把自己当成一个消遣的对象，太令人寒心了。这一刻她告诉我，她真的想知道，这个世界上有没有一种魔力可以让自己喜欢的人也能喜欢上自己。

爱情这种东西有时候会让平时很聪明的人变傻，也会让平时很高冷的人撕破高冷的外衣，甚至还会让一些平时骄傲的人变得卑微起来。

晓辰就是一个这样的人，自从和那个男生表白之后，智商和情商明显下降，活活就像一个花痴。在她心里，喜欢的人是她生活和工作的全部，她甚至觉得如果不能和他在一起，这辈子真是白走一遭。

更让我大跌眼镜的是，晓辰以前是一个极其好强的人，不管是对朋友还是对家人，她都是以一种非常坚韧的态度表达自己对一些事情的看法。她本身做事风格也相当硬气，很少会在人面前卑微，可是在他面前，她就从一只凶猛的狼变成了小绵羊，尽管他并没有答应做她的男朋友，可是在她心里早把他当成了男朋友，她对他特别主动，为他操办很多生活中的琐事，为他定制各种礼物，为他买衣服……总之对他就是一个字——好。

但现实是残酷的，不爱就是不爱，对方不喜欢你就是不喜欢，如果你想通过对他好来改变他的选择，显然是徒劳无功的，这不是什么好事儿。慢慢地你就会失去信心，甚至失去爱的欲望。还有让人更难以接受的事情是，有的人一辈子也无法和自己真正爱的人在一起，为了生活，他们不断地将就，早已不知道爱的滋味。

我一直在想，这不应该是生活和爱情的样子，有没有一些办法让你喜欢的人也喜欢你？

我身边有很多人，他们在将就自己的爱情，每每听他们聊起这些事情时，由内而发的一种无奈和惋惜会让我久久无法平静。尤其是女孩子，当她喜欢上一个人时，在她的内心深处会有一个烙印一直在提醒着她，那个人就是自己一生的依靠，他将是自己未来的伴侣。

然而，这个时候，她心心念念的那个人或许对此没有丝毫的感知，就像晓辰遇到的那种情况，还有一种情况就是，他已经答应做她的男朋友了，但他只不过为了占有她才和她在一起，其实内心深处根本没有一丝对她的爱意。

由此，我把人分成了两类，一类是暗恋性质的，另一类是典型的“得到你的人却得不到你的心”。

先说说第一种，暗恋性质的。

人们都说，女追男隔层纱，我并不完全同意。因为从以往的经历来看，有很多看起来女追男很轻松的例子，但最后才发现，那个男的根本不是喜欢她而只是想找个短期性伴侣，可恨至极。所以姑娘，在你追一个男孩的时候，要谨慎判断，多去身边朋友那里了解一些关于他的人品、作风和习惯，不然的话，你很难排除某些人图谋不轨。

而在追寻爱情的途中，如果你想和他有更多的共同话题，你也要试着去接触对方感兴趣的东西，这样一来，你们就会有很多可以交流的东西。感情往往开始得很简单，或许只是你们俩在打游戏方面达到了共同认知，然后接下来看对眼，就在一起了。

另外，注意自己的仪表体态，优美的女性举手投足间都透露着美感，毕竟生活是由美构造而成，尽情散发你的魅力，可以感染很多人。

再说说第二种情况，如果你和一个不爱你的男人在一起了，该怎么办？

这个时候，你要稍微控制一下对他的爱，或者说克制一下你对他的好，因为他没有那么爱你或许只是短暂地产生兴趣，而你的克制，会让他重新思考你俩的关系。

很多男性都是如此，当他拥有很多时，他根本不会珍惜，只有让他有将要失去的危机感时，他才会紧张起来。

简单一句话，让那个不珍惜你的人紧张起来，让他意识到，再不好好爱你，你就要离开他了。

不过，爱情固然重要，但是你也要有审视大局的能力。你爱的那个人如果一直不爱你，你还是早点断了念头吧，劝男人说，天涯何处无芳草，何必单恋一枝花，同样地，对女人也是这样。

感情是可以培养的，当你觉得天底下属他最好，离开他你就不会再爱了时，那只不过是你钻了牛角尖。不妨走出来看看，然后再做决定也不迟。

## 从爱情到婚姻，并非是一枚戒指 <<

我不止一次地思考，我们所谓的美好爱情，到底是什么样的。人生是活在不断地调整和适应的状态中，走完一段路程，到了某一站，就会开始一段新的旅程，搭乘另外一辆车，继续行走在人生的旅途中。

感情也是这样，我们谈恋爱，觉得时机到了，两个人都成熟了，然后结婚、成家立业，开始一种新的生活。只不过有的人，走完一段路程，就不知道下一个路口往哪拐了，感情也如此，经历完一个阶段，就全然不知道下一步该怎么发展了。

一场恋爱，小晴已经谈三年了，从刚毕业那一年开始，他就牵起她的手，风风雨雨。三年时间不算长也不算短，双方家人都在催，小晴不得不将结婚事宜提上日程，虽然在这段感情里成长了很多，但她对未来的生活还是有很大的顾虑。

他很爱她，在一起三年，小晴给我讲："他从来没有和我提过分手，我们两个人在感情里都非常忠诚，彼此也明白，一段感情能不能长久，关键要看双方能否保持专一，只有彼此相爱，把对方放在心上，这段感情才能经受得住生活的考验，很幸运，我们两个人都做到了。我唯一的顾虑就是，我和他今年都刚满25岁，虽然薪水在当地还不错，但依然很焦虑，我怕处理不好家庭和自己事业的关系，他也担心自己的收入难以为我提供最好的生活。男朋友家里也催着结婚了，今年他们家也买房了，看起来一切都很不错，可是我不知道我们的感情以及双方是否已经到了可结婚的地步，我不确定未来我们能否扛得住生活的考验。"

小晴的焦虑也是当下许多人的焦虑，大家对未来生活充满期待，但与此同时，他们又无法确保自己能撑起家庭的重担，焦虑是常态，这种焦虑来源于对理想生活状态的期待与现实状况的矛盾。

我建议小晴要去思考她和男朋友的感情，既然两个人都在一起三年了，而且关系还不错，那就说明两个人在三观上没有什么大的问题，现在处于决定要不要结婚的关键时刻，不能把感情里的琐事考虑在内。每个人都有棱角，未来两个人要生活在一起，那一定要经历很多磨合。对于小晴来说，关键要看男朋友处理感情的方式，要去看他是否有足够的责任感。婚姻和恋爱不一样，婚姻需要双方付出很多，婚姻需要担当和负责。

那么，一场恋爱谈到什么程度才适合结婚？

我想就是先要判断你们两个人的三观是否相符。三观如果不一致，一定要果断分开，一定不要觉得通过努力就能让两个人的三观一致，这也是最关键的一点。曾经有很多情侣都犯了这个错误，三观不合的两个人迁就着走进婚姻，两三年之后还是分开了。

另外还有很重要的一点，那就是你要想明白你们之间的感情是两个人主动相爱，还是因家庭等外在因素而进行的凑合或将就。

之前有人说，结婚只要有钱就行，这个观点我不敢苟同。是的，金钱是婚姻必不可少的东西，但两个人结婚必须是因为爱情，只有物质没有爱的婚姻注定无法幸福，我们就是要嫁给爱情，要不然真的很难过上舒心的日子，除非你根本不在乎感情。

而真正美好的爱情是忠诚、担当和付出，能互相欣赏，能一起做很多事。

在这个社会，两个人之间能互相欣赏，能一起做很多事，也是难能可贵的。能一起做很多事情的情侣，不论是在沟通上，还是在做事的默契度上，都是非常融洽的，这样的情侣以后相处起来，一定会非常轻松，这也是能否结婚的重要参考标准。

为什么这样讲呢？

观察你身边有多少情侣和夫妻，他们之间不是互相欣赏而是互相嫌弃，在他们的心目中，对方不论做什么，他们都不满意。两个人互相挑毛病，他觉得她不行，她也总是嫌弃他。

如果你们是这样的爱情，那基本上就没有什么继续下去的意义了，更不要想着结婚。因为即使勉强结婚，到最后也会离婚的，道理很简单，水火不相容。而反过来讲，如果你们互相欣赏，互相爱慕，长久下去，感情不仅不会因为处得太久而腻，而且还会变得更加火热。

你可以试着想象一下，如果你们两个人可以一起做很多事，而且不会心累，那该有多么美好。比如，两个人一起游山玩水，哪怕是穷游；再比如，两个人经营一家有风格的小店，他劈柴，你烧饭，一起努力把店经营好。

就是这种感情会让人觉着是一种享受，这样你们在一起做这些事时，感情会不断升温，没有了容颜怎么样，老了走不动了又怎么样，两个人还是会为了去看一眼美景相扶相搀着走到山的那头，很浪漫。这就是爱情，这就是值得把一生的时间都奉献上的爱情，大胆结婚吧，不会错的。

爱情不是童话故事，结婚后比热恋期还要热的夫妻也很多，就像上面说的那样越来越美满，越来越幸福。有句话说得不错："女人结婚后流的泪，就是结婚前选男朋友时脑子进的水。"不过我还想加一句："男人结婚后作的难，就是结婚前选女朋友时瞎的眼。"

话不好听，但道理就是这样，结婚前不慎重，以后总要出问题。

而你如果有我上面说的那种爱情，就可以去偷着乐了，你是真的幸福，也真的可以结婚了。

## 不是控制，是爱情的“较量”<<

前几天，有一位读者向我咨询情感问题，一番情况诉说之后，她抛出了一个让我愣住的问题：“哥，你说，我怎么样才能把男朋友吃得死死的？”

随后，她又向我具体地讲述了一下自己的情况，她和男朋友刚在一起没多久，不论是颜值还是人品，她对他都无比满意。因为之前她也谈过恋爱，只不过后来因为种种原因分手，失去的太多，以至于让她认为在这段感情里要学会未雨绸缪，不能等感情问题出来之后才应对，而是要一开始就学一些拴住男朋友心的技巧。

我当时给她的答复是：“其实任何感情都存在分手的可能性，不论双方付出多少，这种可能性都无法消除，你能做的就是要走好当下的每一步，耐心、细心地处理好感情里的问题，然后对未来充满希望。在与他相处的过程中，做到互相尊重和理解，慢慢地你就能明白如何才能把男朋友‘吃得死死的’。”

所谓“吃得死死的”，就是指一方把另一方控制得很好，对于他的想法和举动都到了了如指掌的程度，在感情里多指一方控制另一方，从而降低失去自己爱人的可能性。

对于我而言，其实并不赞同姑娘们想尽一切办法去尝试在感情里控制一个人，因为在感情里最好的状态应该是彼此之间互相独立，又恩爱又自由。

相反，如果你硬生生地将对方绑在身边，那样会给他一种很强烈的束缚感，这对感情来说，并非什么好事。说到这里，或许你已经开始疑惑了，这种强烈的控制和征服，到底是一种什么样的状态呢？

感情从某种程度上来说，它就是一场博弈，虽然它不追求最后输赢，但是却很在乎较量的过程。

这就像我们之前讲的，如果你能更快地征服对方，那你就能在这份感情里占据主动位置，如果你一直被他征服着，或许你永远都很难有话语权，好的感情是互相征服，而不是一方压制对方一辈子。

由此可见，学会一些在感情里和对方“较量”的技巧就显得尤为重要了，你要想让男人对你更服帖一些，你就得多用一些心，在与他相处的过程中要注意一些事项。

我也听过一些霸道女人的故事，她们一心想征服男人，甚至要把男人变成自己的提款机，而她对于他甚至连最基本的尊重都没有，要知道男人是一种极其爱面子的动物，如果被自己的女人不断地伤害自尊，那他早晚有一天会爆发。到那个时候，你若再想让他对你好一些，如同做梦。

所以，姑娘，要想让男人对你更服帖一些，你首先要懂得维护他的面子，尤其是在你们的亲戚朋友面前，千万不能伤他，尽可能和他站在一起。这样的话，作为男人，可以很负责任地告诉你，他内心是感激你的，甚至会对你产生依赖，那更不用说服帖了。

另外，要想让男人对你服帖，你要让他“稀罕”你，或者说，不要让他对你失去兴趣。

若想让男人稀罕你，首先这个男人值得你去爱，然后你就可以开始在自己身上“动手脚”了，比如让自己变得更优秀一些，变得更女神一些。总之，让他明白得到你是他的福分，失去你是他的损失。

我认为这一点无比重要，只有他由衷地欣赏你，他对你才会更尊重，才会在相处时对你更服帖，因为他也怕失去。

姑娘，你要记住，在感情里要想让男人对你更服帖一些，千万不能动粗，因为那个根本没有任何用处，只会适得其反。

反而那些常常被忽视的小细节对你帮助更大一些，比如互相理解，两个人相处肯定会有很多矛盾要发生，你们互相体谅一下，出了问题共同去解决，唯有如此才能得到对方的真心。

虽然咱们都说“打是亲，骂是爱”，但是在感情里，我还是觉着相敬如宾更好一些。

最好的爱情就是彼此之间相互服帖。

有的人一味地认为好的爱情就是对方对自己无条件地爱和信任，以及两个人之间互相对未来的承诺，然后你不离开我，我不离开你，黏在一起才是真爱。

其实，这是很不对的，而且按照上述情况发展下去，我想对于大部分人来说，很难达到自己满意的结果，甚至会适得其反，让原本美好的爱情走向破裂。

为什么会有这种情况呢？

很简单，你想啊，虽然爱情可贵，但对于人来说，最珍贵的永远是自由。在感情里也渴望拥有自由，我爱你，你爱我，那好，这个前提条件必须是，我们之间，不能有过多的束缚和约束。

我想，当你明白了美好的感情充满了自由之后，再说如何让男朋友对你更服帖、再说如何让男朋友对你“忠心耿耿”就很简单了。

自由不是随便说说就万事大吉的事情，自由意味着包容和理解，自由意味着尊重，自由意味着两个人的相对平等，感情里绝不能出现谁贵谁贱之分。

对于男人而言，他们都渴望自己在感情里能与女朋友或者妻子平等相处，而不被道德绑架，希望两个人之间能互相尊重，渴望两个人之间能有更多的包容和理解。

我想，如果有哪个男人的女朋友能在与他相处的过程中如此对他，他一定会幸福满满的。

道理都很简单，但你不要眼高手低。

最后，温柔有趣的女人对于男人而言一样是上瘾啊，即使不是为了把他吃得死死的，努力成为一个温柔有趣的人，同样是一件很美好的事情。

## 给你一颗糖，想换一个吻 <<

巧巧最近向我吐槽说：“我实在受不了他了，在一起这么久，每一次都是我主动，太累了，这段感情好像没有了当初的意义。”

我安慰她说：“不要生气，再好的感情过了热恋期都会趋于平淡，他在爱情里的积极性可能不如以前了，但你慢慢地和他沟通，我想应该没问题的。”

不过巧巧后来说的一番话，让我改变了对这件事情的认识。她说：“我和他在一起也快半年了，正如你说的那样，刚开始的时候，我还相信，我们的感情已经过了热恋期，现在他不主动的态度是正常的，我应该理解他。可是，后来仔细想想，事情并不是这样，我很清楚地记得，这段感情只有他追我的那段时间，他对我还可以，能主动地站在我的角度思考一些问题，可是自从我们确定关系之后，一切都变了，好像在他看来，我主动付出是理所当然的，而他只享受我的主动带给他的舒适就好了。”

从巧巧的话中，我们可以很明显地感受到她的疲惫与无奈，哪怕她很爱他，可是失望积累多了，也会掩盖住爱的光辉。

后来，他们分手了，巧巧在朋友圈发了一句话：“分开了，无怨无悔。”

她的选择是对的，想必未来她一定可以找到真正适合她的男人。我们抛开巧巧的经历不说，单单分析这件事的本质，其实就是因为男朋友不主动负责，将一段感情逼到了破裂。

有人说，在一段感情里，如果一个人对另外一个人一直很主动，而且很少要求对方为自己做些什么，时间久了，那个在感情里不愿意主动的人，就会从内而外越来越懒于主动。也可以说，他被惯坏了，你对他很好，慢慢地让他觉得，在这段感情里就应该你去主动，他就应该坐享其成。

其实这样的感情状态是非常危险的，他不仅不会主动，甚至还可能会变得不愿意付出，错把你的付出当成理所当然，然后还会对你的付出进行指指点点，各种挑剔。而几乎所有的女孩子或多或少都遇到过这种问题。

“欲擒故纵”这招用在两个人刚在一起时的追求期，确实是一个很不错的办法，这样很容易就能让那个对你有意思的男生变得主动起来。同样地，在一起之后，只要两个人之间还有感情，并不存在一方变心，这种情况下，使用这一招还是很有效的。

当然，不排除一种可能性，你男朋友就宛如一块冰，无论你再怎么闹，他都没有任何反应，说直白点，你欲擒故纵，他一点儿都不配合。

那遇到这种情况有没有办法呢？

我想，对于大多数在感情里对自己女朋友冷如冰的男生，他们要不就是想分手了，要不就是真的在这段感情里看不到任何希望，只是在混日子，得过且过了。

这个时候往往是一段感情的最关键时期，当然，如果你也不想谈了，或者说你想离婚，那就没必要再想什么办法了。但如果你特别愿意和他继续过下去，那办法还是会有的。

说一个身边的真实案例吧。

小岚和她男朋友在一起有一年多，刚开始的那段日子，他们俩的感情简直就是我们朋友圈的典范，太恩爱了，两个人似乎就不能分开，要整天黏在一起的那种，正所谓“你中有我，我中有你”。

后来过了有半年，小岚发现男朋友有点变了，她说：“那个时候的他，给我的感觉就像一个陌生人，再也不是我之前深深爱着的那个男孩子了，我能很明显地感觉到，他好像变心了，好像外边有人了，他好像在思考如何尽快和我分手。”

我问小岚：“那个时候，你有没有感觉很累啊，因为他那种态度对你冷冰冰的，你是如何走到今天的呢？”

小岚说：“我们俩现在又好起来了，当时差一点就分了，好在他及时回来了。”

这简直就是一段感情的起死回生。

那她究竟是怎么做到的呢？

小岚告诉我，她做对了一件事。

她说，刚开始的时候，因为男朋友特别喜欢她，不论是颜值还是内在，小岚都没得挑，所以刚开始的那段日子，让他特别着迷。

而与此同时，小岚在感情里又特别主动，所以就让一段感情刚开始热得烫手，后来男朋友对她的新鲜劲儿没了，而他也不怎么主动去为感情创造一些新鲜感，后来就出现了危机。

出现危机那段日子，小岚也很着急，她很爱他，可她也明白，再爱也不能迷失自己啊，再爱一个人也不能活活地把自己累垮，一个人付出的感情终究不会有什么结果。

从那会儿开始，她就逼着自己去完善，争取让自己变得尽可能优秀，对于这段感情，既然他不主动，那小岚也慢慢地克制，克制自己的主动，表现出来一种有这段感情可以，没这段感情也行的态度让男朋友看。

另外，她变得更加迷人，下班之后积极地健身、读书、看剧、学一些工作上用得着的技巧，还学会了游泳、打高尔夫。

总之她有一个原则就是，让男朋友看得出来，她并没有“太在乎这段感情”，而且在男朋友面前活出自我。

不得不说，这姑娘真的好有勇气，她并不担心，在她的不主动期间，男朋友会和她分手，可以说是孤注一掷了，能成就成，不成就分手，自己尽力了。毕竟与其自己一个人主动慢慢地把这段感情耗下去，倒不如直接分开。

令人欣慰的是，最后她男朋友突然明白，眼前这个姑娘马上就不是自己的了，他马上就要失去她了。这件事，让他也反思了很多，小岚后来说，她男朋友对她比以前主动多了。

就是这样，当他不主动时，你就克制对他的主动，让他明白，你在这段感情里的付出并不是理所当然的，谁都不欠谁，你不主动，谁又愿意一直为你主动？

另外，过好自己的生活，活出自己的精彩，让他看到你的美，让他明白失去你是他的一大损失。如此一来，往往能将他再次拉到你的身边，不用你说，他自己就会对你主动起来的。

# 牵住他的心，给爱情做保鲜 <<

不论是已婚还是未婚，当你与老公或男朋友相处一段时间之后，你都会发现他对你好像没有了以往的热情，对你也不主动了，对待这份感情也没有了以往的激情，甚至有时候你能隐隐约约地感觉到他可能变心了，这是女人最容易遇到的感情问题，往往在这个时候，你会面临两个选择。

第一，你受不了他对你冷冰冰的，但是又不愿意分手，已婚的女人可能会因为家庭、孩子以及自己未来的生活而选择将就，这个过程是痛苦的，但即使这样，很多人都无法毅然地做决定，一直拖着。

第二，有的女人会不甘心于曾经相爱的那个人慢慢地离开自己，想拯救这段感情，但是不知道从哪里着手。这种情况多发生在年轻的女孩子身上，现任男友可能是她的初恋，她舍不得。

其实，如果你仔细想想的话，就会发现在感情里的烦恼都源于此，如果在你发现他对你不好的时候，你果断地提出来和他多沟通，或者勇敢一些，实在受不了就提出分手，那你就会避免很多烦恼。

当然，没有一个人愿意把自己爱很久的男人拱手让人，所以我们就有了上面的第二种烦恼，不愿意分手，但也不知道如何将那个走在危险边缘的男人拉过来。

说到底，就是在感情里没能牢牢拴住他的心。

在我看来，只要我们在感情里想拴住对方的心，那就不难，在感情里，学会拴住对方的心是对爱情最好的保鲜。

保鲜爱情是一件很自然的事，把这件事做好了，感情才能长久，其实这也就相当于深深地拴住了对方的心。

那么，究竟如何去做才能牢牢拴住对方的心？

第一，要想在感情里或者是婚姻里牢牢地拴住男人的心，首先要学会保养自己，不论到哪个年龄段，都要记得打扮自己，通过化妆，保养皮肤，提高自己的品位，逐渐地让自己漂亮起来。

很多人说，这哪是什么诀窍，老生常谈。其实并不是，事实是，很多女人在有了爱情之后，过了热恋期或者婚姻的新鲜感，她们开始放纵自己，年纪轻轻，身材发福，皮肤黑黄，从精致少女变成大妈。

你想，一个男人纵使非常爱你，但每天都看着你那个样子，我想他也会受不了吧。姑娘，男人喜欢漂亮的女人，这是人性，你一定得懂，再说变得精致漂亮对你来说是大好事啊，又能拴住他的心，何乐而不为？

第二，要想拴住男人的心，就要做一个有经济能力的女人，把自己的事业做好。

我们都知道成熟的男人都有很强的事业心，他们平时在公司里的时间比在家里的都多，难免多多少少接触一些女强人。

如果你整天在家，也不愿意去上班，就等着他养你，你们俩的认知高度肯定会出现差距，这个时候他就会不自觉地想平时那些事业有成的女人，那些和他打交道的女人。

注意，这是很危险的，如果你也能有自己的事业，你们也不至于出现隔阂，甚至你比他做得还好，拴住他的心，就是自然而然的事了。

第三，爱情里也有“饥饿营销”，掌握住这一点，会让你事半功倍。

你要在感情里稍微克制一些你对他的爱，直白点说，你给他的爱不能泛滥。我们都知道再宝贵的东西，一旦多了就腻了，感情也是这样的，如果你每天都腻着他，对他有求必应，早晚会惯出毛病来，甚至有一天他会觉着你离开他不能活，他在外边也就敢胡作非为了。

相反，你平时稍微注意一下，必要的时候给他的爱和主动少一些，让他感觉到你的“高冷范”，就像女神对他的追求者一样。相信我，这招特别好使，很轻松地就能拴住他的心。

第四，生活中的小惊喜、小浪漫不可或缺。

感情发展到一定程度以后，你没有太大必要天天去想着搞什么大动静，毕竟你们还要生活和工作，但是小惊喜和小浪漫不可或缺，比如在特殊日子送他一双舒服好看的鞋子、给他写一封情书、两个人出去吃顿好吃的、说说心里话等。

正是生活中这些点滴小细节，才让我们在心理上得到满足，才让我们内心体会到爱情的美妙之处，同时，这也是最能深入人心的事情。

第五，要试着和对方做一些共同热爱的事情。

我觉得这一点也很重要，不管你们有没有结婚，随着感情的逐渐发展，你们的生活将趋于平淡安稳，毕竟不是刚在一起那会儿了，不会再以对方为中心，彼此都有自己的事情要做。

虽然这有利于各自的事业发展，但肯定会导致你们的圈子渐行渐远。这个时候，你们去选择做一些共同热爱的事情就显得弥足珍贵，哪怕一起去街角的咖啡书屋，安静地读一下午的书也是一件很美好的事情。

原因很简单，当两个人共同去做一件事情的时候，那种参与感会大大提升你们彼此在各自内心的分量。

第六，要学会忘记过往的不开心，定期清理失望感。

我们都说，所有的离开都是攒足失望后做的决定，让你学会定期清理失望感，就是不想让你去体验失去一个人的感受，那会很痛。

两个人相处，矛盾、争吵这是在所难免的，失望也会有。那么，既然爱，就试着坚持到底，这样的话，你就要学会去忘掉过往的那些烦心事，学着让自己对这份感情更有信心一些。

这样的好处不仅会减少你对这段感情的疲惫感，而且会让对方觉得你这个人大度，值得用一生去交往。

第七，给足对方安全感永远是爱情最好的保障。

如果说上面的那些是心与心之间的事，那这一条就是比较实在的建议了。我们都知道，对于爱情，物质是基础，也是最好的安全保障。

想让你们的爱情长久，你们就要给对方多一些安全感。对于男生来说，你要让女孩子看到未来；对于女生来说，你要让对方感觉到不论遇到多大困难，你都会一直陪着他。

第八，摒弃可能伤害到感情的所有坏习惯。

所谓可能伤害到感情的所有习惯，比较常见的有撒谎、欺骗，甚至家暴、冷暴力等。

要知道，你辛辛苦苦费尽心思经营的感情，可能会被上面的任何一种行为毁掉，别说保鲜爱情了，这简直就是爱情的杀手。

我们对不好的东西总是有极强的抵触心理，自己不愿意遇到的，对方也一定不想遇到，这就要求我们不断地提高对自己的要求，戒掉所有不良习惯，这对两个人的感情来说，无疑是一大利好。

静下来仔细想想，对一段感情而言，就像那句话“你得到他的人，却得不到他的心”，这是常有的事，很心酸。但更让人心酸的是，你得不到他的心，慢慢地他的人也会离开你。

对于女人来说，想要拴住一个男人的心一点儿都不难，简单地说，就是做好自己，让自己漂亮好看，然后做好自己的事业，不要太依赖他，最后让他明白你的爱不是无穷无尽的，在感情里把握住“饥饿营销”的度。

上天总会眷顾用心的人，感情的事情也不例外，一定心怀美好地期待。

最后我想提醒各位姑娘一句，要拴还是去拴那些值得拴的男人，千万不要将就自己，给渣男任何机会。

# 不要期待痛苦离开，你必须自己走开

Part 5

痛有千万种

却能被一颗柔弱的心几近揽入

人有千万别

却迟迟不肯离开一个无心之人

这一生

我们没有能力去看透所有人的心

但我们要努力看清虚情假意

谁真谁假

心中有数

红唇皓齿

步伐坚定

## 举止透露着情有几分 <<

每一个人都喜欢爱情里的仪式感，正是这些仪式感才让我们感受到爱情的味道。如果一段感情没有了仪式感，我想我们的心会老得很快，每天千篇一律地生活，对爱情没有了任何幻想，生活也会过得索然无味，好像一眼就能看到几十年之后。

所谓的爱情仪式感，更多地表现在两个人相处的细微过程中，比如每逢你们两个人的结婚纪念日或者恋爱纪念日，双方心中都惦记着这件事情，并用心为对方准备一些小惊喜，为二人世界制造一些浪漫气氛，这就是很典型的爱情仪式感。除此之外，彼此心中有爱，互相付出，在生活中多一份关心给对方，让对方感到有你真好，这也是爱情的仪式感。

正因为我们对爱情的仪式感有所追求，慢慢地就出现了虚伪的感情套路，所谓“自古套路得人心”，有需要就有供给，这样就有很大一部分人开始用一些小伎俩来骗取女孩子的真心，这些人就是渣男。

正如大家熟知的那样，开始一段感情的最初目的是能牵手走进婚姻的殿堂，不是出于这种目的而谈恋爱的人，按照以前的话来说是耍流氓，因为你和人家在一起，你没想着结婚，但人家是奔着结婚去的，后来你玩腻了，跑了，这就是不负责任。

当然，目的是纯的，但最终能不能修成正果，这个另当别论。

我曾经对一百位有过失恋经历的女孩进行了调查，后来发现这些分手的姑娘，80% 以上都是遇上了抱着玩玩的心态进行恋爱的男人，虽然有很多所谓的三观不合、异地之隔、时间太少、我太忙之类的借口，但恕我直言，之所以会有这些借口，就是因为刚开始的时候动机不纯。

可能真正经历过的人才能体会到被自己真心对待的人欺骗的滋味，毫不夸张地说，那是令人无比绝望的，甚至因为一次欺骗就能给人内心造成创伤，让人很久都不能开始新的感情。

毕竟伤怕了。

对于女人而言，准确地判断出男人对你是不是真爱就显得尤为重要了。

第一，如果一个男人真的爱你，那他对你一定很主动。之前说过，其实男人根本不是什么高冷的动物。面对那些他爱的人，他不但不会犯懒，而且会非常勤快，会想尽办法去创造机会和你待在一起，根本不会出现我们常常说的冷暴力，更不会出现让人难以接受的打人骂人。

很多时候，如果一个男人对你是真爱，那我觉得他对待你就像对待自己的女儿一样，呵护你、陪伴你，给你温暖和幸福。

第二，如果一个男人真的很爱你，那他一定会公开你们的恋情，会带你去见家长，也会跟着你去见你的家长，甚至会到处向他的朋友介绍你。

对于女人来说，什么是安全感？我想这就是安全感，愿意把你公开的男人才是真爱。相反，如果他一直瞒着你们的感情，从来不把你介绍给别人，或许就有问题了，比如怕那些和他暧昧的人知道，或者你本身就是他的一个备胎。

第三，当一个男人真爱一个女人时，他会为了她做出必要的牺牲。比如你们异地，他在他那边有工作，在你这边他也能找到同样的工作，但是来到你这边他就会失去很多熟人关系，我想如果他真的爱你，他会过来追随你的，傻瓜也知道，异地恋虽然也有很美好的地方，但是经营起来是非常辛苦的。

当然，如果你对他的爱足够，你也可以去追随他。姑娘，真正爱你的男人是会为而你努力，宁愿牺牲掉自己应有的安逸，也要为了你们未来的幸福家庭而努力的。

我想这就是真爱。

第四，爱可以让一个人变得更好。如果一个男人真的很爱你，我想他会为你改变很多，比如你不喜欢抽烟的男人，他会很坚定地戒烟；比如你不喜欢整天醉醺醺的男人，他和你在一起之后会主动推掉很多酒局；比如你希望男朋友能经常陪你出去旅行，曾经被称为死宅男的他也开始做起旅游攻略了。

你看呀，爱情的力量是无比强大的，它可以彻底改变一个人，能让他下狠心改掉自己的很多不良爱好，这也恰恰能说明爱是无私的。

第五，好的爱情里很少会有各种莫名其妙的借口，更多的是真诚。

我见多了感情里的虚情假意，他们并不是真正地爱上了一个人，只不过把这个人当成了他生活中一个消磨无聊以及泄欲的机器，这是很可怕的。他一边甜言蜜语，一边策划着找下一个女朋友。

所以，等你需要他陪的时候，需要他付出真心爱你的时候，他拿出来的只有应付，各种借口各种理由。很多人后来分手之后，再想想之前男朋友说的那些话，找的那些理由，真是可笑。一个男人，他到底爱不爱你，从这点上你也能看得很明白。

到了二十几岁将至而立之年，我们面临着结婚、成家立业，再也不能像年轻时那样，可以为了自己喜欢的人做傻事，哪怕是单恋。

而现在，包括我在内的大部分年轻人，内心都渴望一份真爱，渴望能有一个真心待我们的人，很期待一个很温暖很幸福的家庭，我们也没有了年轻的资本，现实容不得我们在感情里有任何马虎。

不然的话，“一失足成千古恨，再回头已百年身”。一直以来，我都觉得年少轻狂时的恋爱可以任性，但结婚不行，你要始终记着，你要嫁的那个人，一定是真爱你的才行。

尽管我们身边充斥着各种不怀好意的套路，但事实还是好男人多，当你真正在为你未来的生活考虑时，你一定要少一些焦灼，多一些耐心，时刻都要提醒自己，要克制欲望，擦亮眼睛，看清楚了，谁才是真心，谁又是虚情假意。

人与人不同，人与人表达爱情的方式也不同，但爱情的本质是相同的，在一段感情里的心理状态又是相似的，只要你透过事情的表象去观察它的本质，你心中的一切问题都会迎刃而解。

## 一字一句，都是镜子 <<

一个人爱你与否，往往能从他的话语中以及他说话的态度中看得出来。

如果你对一个人有好感，那你平时在和他说话的过程中，一定会注意很多细节，比如你心里会时刻提醒着自己什么话该说，什么话不该说；你也会小心翼翼地控制自己说话时的情绪，生怕影响他，点点滴滴都是你对一个人上心的表现。

相反，如果你很讨厌一个人，那你对他一定很没有耐心，你甚至连多和他说一句话的欲望都没有，有时候可能会出于礼貌和他搭讪几句，这就是人的心理。很简单，我们愿意和喜欢的人聊天，哪怕只是闲聊也是美滋滋的。

这个道理放在爱情里也是一样，如果你爱一个人，那你一定会表现在具体的行为上，这是不由自主的，就比如在说话交流这件事上，你一定会很用心，也很有耐心。人的言行举止反映内心，明白人一眼就能看清楚。

之前和一些读者聊天，从他们的话语中我能明显感觉到，对于某些人来说，感情或许就是一片森林，那些初学者想从森林里找到方向，却发现是那么难。在幽暗的森林里，他们甚至连生存需要的阳光都难以获取，这就像我们很多人迷失在爱情里一样，连维持一段感情所需最基本的爱都难以得到，一边想退出，一边又想着咬咬牙撑下去。

这就是爱情里的痛苦来源。

爱情里一切让人难以忍受的东西，都源自人本身。

你在感情里纠结、迷茫，甚至痛苦，无非是怀疑他是否还在爱，是否要放手，就像你在森林里迷失了方向一样，得不到阳光般温暖的爱，又纠结于到底怎么走出这片幽暗的森林。

其实并不难，在你纠结他是否还爱你的时候，你们的感情就已经有问题了。

那怎么样去具体判断呢，可以从他的行为，从他的语言及对你的态度上，观察表象下掩盖的真相。

第一，说“你怎么就这么笨……你看看人家那谁谁谁，你怎么就不知道学学……”

这是我们小时候经常从父母嘴里听到的话，我想没有人愿意听，我们不想和“别人家的孩子”相比较，说实在的，父母这样教育孩子不合适，但是他们的出发点是想让我们好。

可这话放在恋人身上就不行了，发一两次的牢骚尚可理解，可如果动不动就挂在嘴上，就有问题了，这多半说明他开始嫌弃你了，要知道，感情是建立在平等关系上的。

被说的人肯定难受，而说话的人却不饶人，这难道还是爱吗？

第二，态度很冷漠，你说十句他说一句，有时候还玩失踪。

这种情况也是十分常见的，平时你们俩聊天，他对你是爱搭不理的，这就是应付；网上聊天，你给他发消息，他要不不回复，要不就是一个字把你打发走，有时候还会玩失踪，比如一连两三天不回消息，不接电话。

这样的男人，我敢说一定有问题，我最烦和人聊天时，我一直在主动找话题，对方却一个劲儿“嗯”“哦”“啊”……

这是典型的冷暴力。

第三，“我觉着咱俩不合适，要是没和你在一起，我现在早就……”

这种男人总是喜欢说，你们俩不合适，要不是因为你，他现在肯定飞黄腾达了，感觉是你拖累了他，这纯属胡扯。一方面，天底下没有绝对合适的爱情；另一方面，你不要觉着对方在生活里拖了你的后腿，那只是自己无能罢了。

如果他这样说你，请你一定怼过去。

我一直觉着语言永远是最有力的，它可以展现一个人温柔的一面，可以让你看清一个人，无论城府多深，只要心有所想，就一定能在言语中看出个大概。

每个人在感情里都会出现心神不定的时候，我们会怀疑爱情，怀疑对方，一味地怀疑并不理智，发现不对，要去察言观色，爱与不爱，很容易就能看出来。

如果你真爱一个人，何不把自己最动听、最真诚的话说给你的爱人听呢？

姑娘都想找一个温柔善良的男人，言语中带着关心和疼爱，每一句话都说得那么耐听。对于恋爱中的两个人，男孩子对你说什么话或者怎么说才能看得出他是真的爱你？任何事情都没有你想象得那么绝对，但任何事情都有一些共同之处值得你去思考和对照。两个人相处时，如果对方真的很爱你，那他对你一定非常有耐心，从他的话中你就能明显体会到，愿意为你控制自己情绪再说话的人，远比你想象得更爱你。尤其是在两个人争执时，如果他能继续控制住自己的情绪，一如既往好语气和你讲话，那他一定很爱你。

要知道，语言是这个世界上最温柔的东西，也是最恶毒的东西，它可以甜美到让你无比相信爱情，也能让你一言难尽心中苦。

那些能好好和你说话的人，请好好珍惜，他对你的爱不一般。

可能你会觉得，他只不过是情商高，对谁都这样，根本不存在爱与不爱。

其实不完全是这样，如果他真的爱你，那当你们两个人在外边共同面对一件事时，你就会发现他说的每句话都有替你考虑。

认真周到的男人很多，但是愿意为了你的感受和处境而深思熟虑，甚至委屈自己的男人不多，在我看来，这就是爱。

除此之外，如果一个男人真的爱你，愿意和你长长久久，那他在你面前肯定没有太多虚头巴脑的承诺，好像从他嘴里承诺很克制，更多的是行动。

爱要现实，承诺很虚。

一定要珍惜身边那些和你好好说话的人，因为他们每时每刻都在考虑你的感受，因为爱有了责任感。

总而言之，温柔、耐心、体贴，愿意这样和你说话的男人，一定是爱情的样子。

## 那些被奉为神功的套路 <<

人这一生，我们没有能力去看透所有人的心，但我们要努力看清虚情假意。谁真谁假，要心中有数，学会辨识渣男的套路并能保护好自己，这是一项必不可少的生存技巧。

曾经有很多女性读者向我倾诉她在感情里的痛楚，被渣男套路，早就不愿意和一个冷冰冰的人在一起，早就过够了那种让人寒心的生活，却没有勇气和他说分手……她们将这一切都归于自己当初选择男朋友时未能擦亮眼睛，一错再错，越陷越深。

面对这种情况，作为感情里的“受害者”到底该怎么做决定呢？答案其实一点儿都不难。勇敢地说再见，果断地和渣男分手，当初年少不懂爱情，看不清渣男撩人的套路，但人总不能瞎一辈子，也不能将就一辈子，一定要分开才能对得起自己，把在这段感情里得到的教训牢记在心，也算一种成长了。

爱情，多么美好的一个词，如今却被发生在我们身边的一个又一个痛心的真实案例覆盖上了阴影，一个又一个渣男，不断刷新我们对于人渣的认知，以及让我们不断相信这个世界的物种多样性。有的渣男从和姑娘开始这段感情的时候，就没安什么好心，有的是刚开始的时候很好，后来出现了所谓的“变异”，心术不正，做了很多对不起自己女朋友的事情。

有人说，渣男的套路比骗子的骗术还难防，这话儿说的真的一点儿都不假。因为我们对待可能是小偷的陌生人有种防备之心，但对自己亲近的男朋友不会有任何防备，甚至会把自己的全部暴露在他面前。

渣男的套路，无疑是爱情的毒瘤，甚至是这个社会的毒瘤。从爱情这个小的方面来说，它让一部分人不再相信美好的爱情，让很多人因此伤透了心；从大的方面，社会这一层面来说，它会带来很多很多的负能量，甚至会给一个人带来深深的伤害，因为在感情里不顺而影响心理健康的不在少数，这无疑给社会带来了严重的负面影响。

由此可见，学会辨识渣男的套路，让自己免于伤害，就显得非常重要了。那么，我们在感情里究竟怎么样才能避开这些套路呢？很多人说，我们可以靠猜测，从他的表现中就可以猜测他的心是不是已经变质了，但我觉得这解决不了问题，关键还是要用心去体会和他在一起的点点滴滴。

第一，如果他告诉你已经和前任分手了，他是以一种单身的状态来追你的，很有可能他并没有分手，只是在瞒着他女朋友或者老婆在外边找小三，然而你是不知情的。

这是很多渣男一贯使用的套路——欺骗。这种人的可恶之处不仅在于欺骗你，还在于他欺骗自己的女朋友或者妻子，一手毁掉了两个人的爱情。对于这种人，即使你发现他和他之前的女朋友有来往，你质问他，他也是各种保证，什么很快就会和她分手，然后一心一意和你在一起，所以千万不能犯傻！这种男人就是典型地想脚踏两只船，一旦遇到这种情况，还是果断地分手吧。

第二，他出轨在外边养小三，被你发现之后就各种承诺，声称今生今世再也不会犯同类错误，求你原谅。

一旦你原谅了他，很快就会再次发现他又出轨了。然后你会再和他闹，他就又开始各种讨好你，各种求原谅，如此恶性循环，这就是渣男的套路。一边给你好处，为你画饼许诺言，一边继续出轨，像这种情况，一旦发现，直接分手才好。

另外还要记住，出轨真的没有一次两次，一旦染上了，他是戒不掉的。

第三，口口声声说爱你，可是和你在一起得到了他想要的之后，就开始变得很冷淡，爱搭不理的，你说不爱了就分手，他说还爱别分手。

爱情绝对不是嘴上说说就好了，爱要行动，爱要付出，而那些口口声声说爱你，却从不付出的人，也是在欺骗你的感情，他会和你耗着，时间越拖越久，他越来越冷淡，直到他找到下一个心仪对象，他才答应和你分手。一边贪婪地享受你的爱，一边不负任何责任，这就是渣男。这也是比较常见的套路，即用冷暴力拖住一个人。

第四，刚和你在一起时对方目的就不纯，时间久了，你就会发现他和你开始这段感情的最终目的只是骗你钱财。而且，他不会拿出小偷的那一套哄骗你，而是打着喜欢你的幌子，和你谈恋爱，靠你供着他吃、供着他喝，供着他打游戏。其实他说喜欢你，并不是发自内心的，时间久了你就会发现，当你不给他钱花时，渣男的真面目就会露出来，这一切就不攻自破了。

第五，还有一种渣男套路让人恨得咬牙切齿，那就是分手之后的复合。你问还要不要继续下去，他回答得模棱两可，很不明确。每一次见面，他给你的感觉就像见网友，不会拒绝，但也不会有深入的发展和交流，说白了，他更像是和你维持暧昧关系。

这个时候，如果你再次问他未来感情的问题，他还是会各种吹牛画饼麻痹你的神经，让你离不开他。事实上，他对你早已没有了任何感情。

到这里，想必你也基本明白了，渣男的最大特点就是难以控制自己的欲望，试图脚踏两只船；擅长拖住你，在和你没有任何感情的情况下，对你各种拖；只要不分手，他就觉得万事大吉。

遇到这种人，别吃他那一套，也别等他说分手，你自己主动离开他，然后过好自己的生活，才是对那个不爱你的人最大的惩罚。

坏人的套路很多，你需要秉承一个原则，不要试图改变他，而是学会躲着他，离他越远越好。

## 因为不爱，所以漠然 <<

杜辛最近发现男朋友变心了，她还是那个可以为了爱情赴汤蹈火的姑娘，而他如今已经移情别恋，心不在她身上了。

“我和他在一起两年多，最近发现他不像以前那么爱我了，可我非常在乎这段感情，为了他我已经辞掉了家乡那份工作，大老远跑到北京就为了能和他在一起。可现在他说变心就变心，曾经的誓言也都打了脸，我现在很失望又很无助，你能告诉我现在该怎么办吗？”

我能深深地体会她的无助和焦急，是啊，谈了两年的感情，付出了两年多的心血，曾经被自己当成宝贝的人，如今心被别人偷走，他背叛了自己，这种事无论放在谁身上都难以忍受。在感情里，最让人难以接受的就是，你已经变心了，而我依旧很爱很爱你，对你的移情别恋浑然不知。

当一个人在感情里遭人背叛的时候，其实损失的不仅是这段恋情，更糟糕的是让她对爱情失去了信心。若一次又一次遇到这种事情，还会让一些人在感情里变得没有安全感，即使未来有一个人很爱很爱她，但正是因为曾经在感情中受过伤，让她对现有的感情极其不自信，从而导致她产生“恋爱恐惧症”，每天的生活都在提心吊胆中度过。

这绝对不应该是正常恋爱应有的状态，无论是什么原因，只要这段感情不能给你心理上带来安全感，那它一定是有问题的。而导致这种问题的很大一部分原因就是，你对爱人缺乏自信和判断力。

先来说说缺乏自信这件事。很多人可能会不屑一顾，“他是我的男朋友，我们感情很好啊，怎么会不自信呢？”但时间长了，问题自然就出来了，在感情里缺乏自信的人，很难真正因感情而愉悦，越是不自信就越容易出问题，这是恶性循环，慢慢地到最后，搞得你完全不敢相信爱情了。

所谓不敢相信爱情，说直白一点，就是在感情里缺乏一种判断是非的能力，女人在感情里缺乏对爱人一种必要的判断力是一种常见的现象，为何这么讲呢？如果你在感情里对自己爱的人缺乏必要的判断力，那你对他基本上可以说是形同陌路，这里的形同陌路指的是心理上你根本不懂他。他内心深处的所思所想，你浑然不知，甚至丝毫都察觉不到，这是多么可怕的一件事。

不过，感情里的问题大都能解决，除非你不想继续这段感情，那就真没办法了，但只要你想继续，或者说，你主观方面希望能把这份感情经营得更好，还是比较好办的。

一个人的行为表现是他内心的真实写照，在交往时，他内心对这份感情怎么样或者说对你怎么样，全部都体现在一言一行上。比如说，如果他变心了，那他对你表现出来的首先可能是耐心不足，或者说，根本就不想和你交往，能躲开你就躲着你，甚至打游戏都不会陪着你。

他比较容易和你发生矛盾、吵架，有的人还经常会冷战，以冷暴力对待自己的女朋友，爱搭不理，令人十分难受。而对于这种情况，找他理论是没有太大作用的，他会告诉你："我没什么问题啊，明明是你自己想得多，我打游戏怎么回复你消息啊；我刚刚在工作没看到你的消息；刚刚公司有客户过来，我过去陪同了，没看手机；手机没电了；手机没网了……"

然而事实是，他一整天一整天不回你，并不是公司 24 小时都很忙，上述借口只不过用来推托你而已，这种情况就是典型的变心了，但他不愿意分手，就这样和你耗着，心情好了就来和你玩一玩，直到他确定下一段关系。

除了变得比较没有耐心之外，他在你面前可能还会变得比较心虚，常常不自在，好像生怕什么被你发现似的。说真的，如果你和一个人在一起过很长时间，他神情有一丝变化，你就能体会到他心里有事。

就像杜辛讲述的那样："那段时间，我白天根本见不着他，晚上回到家他心不在焉，手机捂得很紧，生怕被我看到里面的秘密。"

其实，两个人在一起时间久了，只要你能仔细去感受，很容易就能发现端倪。大多情况下，变心一定是在精神出轨的时候，他开始在外边和其他女孩子搞暧昧，本来应该放在你身上的精力和时间都被他分到别人身上了，然后对你越来越冷淡，直到最后彻底出轨。

一个人如果变了，那他面对你的时候，心一定很虚，不可能底气满满，这事骗不了人。不过话说回来了，男人变心的时候，往往是一段感情的关键期，如果能把他在出轨的路上拉回来，这段感情就还能继续；如果你发现不了或者拉不回来，那这段感情基本上也就结束了。

当然，你完全可以选择放弃挽回，毕竟一个人一旦心术不正，那他对你而言，也没有了以往的意义。不管怎么样，别伤到自己。

这很现实，也很真实。

## 有多少事证明爱已颓靡 <<

曾经听过很多恋爱故事，有结局很美好的，也有让人很遗憾的。一段感情不论最后的结果怎么样，都是当事人自己的选择，结成夫妇也好，分道扬镳也罢，这都是两个人经过谨慎思考和沟通之后做的决定。

然而，现实让我们产生了两个疑惑。第一，为什么有的人明明不爱了，却不直接说出口，而是通过各种让人难以忍受的套路逼着对方主动提分手，这样做的目的是什么？第二，为什么会有那么多的姑娘，直到分手的那一天还不敢相信曾经那个爱自己的人亲口说出了分手，且仍然充满希望试图用卑微换取对方的同情和爱意？

悦悦就是一个这样的姑娘。她男朋友从三个月前就对她很冷淡了，两个人在一起的时间也越来越少，以前他们每个周末都会腻在一起，逛街吃饭看电影，形影不离，而现在明眼人一眼就能看出来，他对她早就不是以前的那种感觉了。就比如上次大家一起聚餐，从刚开始吼她，到后来他开始和她撇清关系，当朋友之间聊恋爱中的小事时，他的言语让人觉得她在他心中就像不存在一样，他一句话都不想和她说。

其实，悦悦也能感觉男朋友对自己态度的大转变，她说过："我现在对这份感情有了一种恐惧感，对他也有同样的感觉，每当他以冷暴力对我时，我都瑟瑟发抖。"

而当我问她既然已经感受到他对你的冷暴力，为什么不直接提出分手时，她的回答让我震惊："我觉得他一定还爱我，只是想让我变得更好一些，让我对他更好一些，我正在努力，争取早一些让他对我满意，我想那时候他就会重新对我好。即使他现在和我提分手，我也不会答应，两个人在一起总会有磕磕绊绊，也总会有矛盾，我觉得这都是很正常的。"

这是一场可悲的自我欺骗。不要再安慰自己说他和你提分手是因为矛盾。事实上，他早就不爱你了。只不过你爱得那么深，没有真正察觉到他那些不爱你的行为。早一点彻悟吧，不要等分手后，你才笑自己当初太幼稚，恨自己当初爱得那么认真。

感情中千万不能一味感性，必要的理性才能使你们的感情更长久。一段关系中，如果对方不爱你了，你看他的行为表现就能看出来，记住千万不能以爱为借口来骗自己。

那么，感情里的那些“不爱你的表现”都有哪些呢？

第一，对你的态度很不认真，经常敷衍了事。

这种行为可能是男人中最常见的一种行为模式了。爱你的时候，对你百依百顺，不爱的时候，永远都是敷衍了事，不管你说什么，他都是“嗯，哦，这样啊，我累了先睡了……”

如果你的男朋友对你的态度经常很不认真，你一定要注意了。

第二，和你在一起的时候，经常性沉默、冷暴力。

冷暴力永远都是最伤人的。如果你的男朋友原来是一个很外向的人，最近突然在你面前收敛了很多，那基本上可以说有情况了，因为一个真正爱你的成熟男人即使是生活遇到麻烦，他也会和你说的。

他沉默得那么认真，或许是早已想离你而去，只不过就差一个合适的借口罢了。

第三，不在乎你的感受。

和朋友一起出去玩，他开始不像以前那样悉心照顾你，他开始对你忽冷忽热，你在他身上难找到以往的温暖。

遇到一点儿小事就开始对你大吼，他不再尊重你，在感情里变得越来越自私，他只顾自己，不会在乎你。

第四，对你不主动，也不拒绝。

爱情永远都是两个人的事情，单方向的努力只会磨灭一个人对爱情的信心。那些不主动的男人，绝对比你想象得更不爱你。

如果你说："他如果不爱我，他应该拒绝我啊。"可他没有，或许这就是分手以后，很多男人被骂渣男的原因。

第五，对你很忙，不再关心。

你约他的时候，他永远都是在加班，在学东西。你说要一起看场电影，他说，好。可是最后他却临时告诉你，他很忙脱不开身，你哭着看完电影，撕掉电影票，一次又一次。

明明是不爱了，还在以忙为借口拖着你，不再关心你的感受，你爱怎么样就怎么样，你说分手，他说好。

第六，你对他来说可有可无，他对你忽冷忽热。

不爱你的时候，你对他没有那么重要了，他和你只是象征性地在一起。

爱你的人对你都是知冷知热，而不爱你的人对你是忽冷忽热。

第七，你再怎么取悦他，他都没反应。

比如，你跟他说："明天穿新裙子给你看。"

他说："你随便。"

你说："周末我请你吃饭吧。"

他说："不用，我和朋友约好要唱歌。"

第八，你们之间，所有的问题都归咎于你的错。

你们吵架，他不再愿意静下心来听你解释，因为他觉着这一切都是你的错，让你改，不改就分手。

从某种层面上来看，这种行为也是暴力的一种，用分手强制性逼迫你去反思自己，去从自己身上找问题，想想真的是一种很可恶的行为。

第九，你不如他的手机重要，当然你也比不过他的游戏重要。

这一点其实也很典型，男孩子玩游戏正常，但是以前他玩游戏时，只要你说哪里不舒服，他会马上停下来照顾你，可是现在变了，你难受也要等他打完那一局，你难受自己忍着，他还是继续玩手机。

总之，不爱你的时候，他对你总是有各种逃避的借口，你对他再好，他都不会觉着好，或者说对你根本没有任何反应。一旦发现他不爱你了，一定不要再拖着，趁早分开，否则的话，你只会被伤得更深。

人的口可以说出谎言，但是身体最诚实，他的行为总会替嘴说出实话，只不过这个需要一些时间去观察。在和对方相处时，一定要用心感受，千万不要胡乱猜测，时间久了，你就懂了，他究竟是多么不爱你。

尽管爱情会有如此多的麻烦，但我还是希望你，要相信爱情。

## 当爱已无存，将处处显征 <<

有一个姑娘来信咨询我一件事。她男朋友劈腿了，那一段感情他们谈了整整两年，她说："其实，在我发现他出轨的前两个月，我就觉得他有点不正常。从那时候开始，他对我的态度就转变了许多，从最初的热情主动，到后来的冷淡，原本视对方为生命的两个人居然变得像陌生人一般。如果我不主动找他说话，他完全把我当成陌生人，不理不问。现在想想，我感觉或许那时候他就想分手了，只是没有直接说出来而已，后来的各种冷淡，和我吵的每一场架都在为最后分手做准备，我以前看不懂渣男的套路，直到那个小三把电话打进家，我才知道原来自己被骗了这么久。"

在信的最后，她问我："是不是男人分手的套路都是一样的？"

感情这种事，即使我听过无数个故事，但还是无法很坚定地盖棺定论，毕竟每一对情侣的经历都不同，人与人之间处理事情的方法又不同。我们曾经从影视剧上看过，有的人如果决定要走了，他会选择一个很安静的日子，一句话也不说就走了，没有再见，也不会给人留下任何希望。而有的人，如果想分手了，他不会直接提出来，而是会慢慢地消耗对方，让对方积攒足够多的失望，然后等着对方提分手。

在现实生活中，越是害怕的事情越容易发生，那些用冷暴力来逼着对方分手的人太多。其实换个角度想，分手就是一件很正常的小事，感情走不下去了，分开对两个人来讲都是好事，也给对方自由和重新选择的权利，好聚好散没有任何问题。但是，在感情里最残忍的事情不是亲手结束一段感情，而是亲手把一个人的爱一点点消磨尽，然后让她再也不敢相信爱情。

所以，如果在感情里你男朋友拿冷暴力对你，或者他明明在外边拈花惹草，不再对这段感情忠诚了，却把你们两个人感情里的问题全部归结于你身上，所谓“恶人先告状”在感情里就是这种情况，这个时候他一定是想分手了，你千万别再傻傻地认为是自己的不好。

我身边就有一个活生生的例子。

阿静和她男朋友在一起一年多了，之前他们的感情很好，两个人不论从哪方面看都挺合适的，时常被我们称为模范情侣。然而，最近他们却分手了，阿静被伤得很深。有朋友问及分手缘由，她告诉我们，其实在三个月前，她和男朋友的关系就出了问题，只不过她没意识到。

那一段时间，她男朋友在她面前变得不再爱说话，以前不是这样的，而且，总会以各种借口逃避阿静。刚开始时，阿静以为是男朋友最近工作太忙，每天都很累，所以才对自己有所冷淡。可是后来，她发现越来越不对劲，有次他跟阿静说太累了，要早睡，可是很晚了阿静却看到了他给一个女生点赞，然后还用微博@那个女生。

后来，他们就吵架，阿静哭得很厉害，想听听男朋友的解释，可他只是说："我累了，晚安。"

阿静说，之前只要自己生气，男朋友不论怎样，都会哄她，可现在连一句话都不多说。慢慢地，阿静累了，不想再以自己的爱去面对一个冷漠的人了，她提出分手，他居然说："好。"

阿静这才明白，男朋友这几个月的冷淡，其实是在蓄谋着分手。真寒心啊，如果不爱了，为什么不直接说出来，何必拿冷暴力去消耗一个姑娘的爱。

这种情况有很多，一贯的套路是，想分手自己不提出来，或许是因为还没有新目标，就一直耗着，用冷暴力让对方彻底失望，然后对方说分手，好，万事大吉，最后自己还很委屈的样子。

有人说，女人爱上一个人后，会随着时间的推移而加深她的爱，一旦爱上，就很难放下，被心爱的人抛弃后，就像被掏空一样，可能一辈子都不会相信爱了。我一直说，爱一个人的时候，要多用心，要有必要的理智，一旦发现男朋友变心了，就早点分手，不要让渣男毁掉自己。

其实，像这种分手的征兆还会有很多，比如原本他对你非常主动，会花心思去保鲜爱情，花时间和精力去让你开心，而现在突然大转变，变得不再对你主动，开始对你忽冷忽热了；变得不再珍惜你的爱了；开始不愿意公开你们的关系，甚至对外宣称自己是单身状态，然后对你挑三拣四，各种不满意，好像在他面前，你做什么都是错的。

一般来说，如果一个男人在感情里突然有如此大的态度转变，那基本上就是想分手了，或许他还没有想好分手的理由，或许他还未能鼓足勇气主动提出，或许他想脚踏两只船，但可以肯定的是，他不爱你了，这段感情或早或晚都会走向终结。

所以我们在谈恋爱时，一定要保持头脑清醒，很多时候，你需要用心去感受对方给你的爱，用心去体会对方在这段感情里对待你的态度，是冷是热，你好好感受，千万不能因爱得太深而迷失了自己。

如果你发现他想分手了，那不妨把事情拿到明面上说清楚，看看他到底是怎么想的，别隐瞒感情里的问题，有什么就直接说出来，该分手时就果断提出分手，别将就，也别委屈自己，更不要自欺欺人，不然的话，对谁都不好。

总之，不论如何，你都要学会在感情里保护自己，要在爱一个人之前，先学会爱自己。

## 他假意而来，只是换一场虚情 <<

朋友小煦发来微信，她说刚刚分手了，心里难受实在不知道怎么办。

小煦说，她和她男朋友经同事介绍，谈了大概有三个月吧，突然发现男朋友出轨了。而且，据她所知，男朋友应该是在他们开始这段感情的一个月之后就出轨了，最近这两个月她一直被蒙在鼓里。

小煦实在无法相信，当初那个当着大半个公司同事的面向她表白的男人，竟然是一个如此渣的人，她委屈无助，欺骗带给她撕心裂肺的痛让她不知道如何是好。

我劝了好久，她才好受一些。后来我才知道，小煦的男朋友当初之所以追她，就是因为看小煦身材好，人也漂亮，说白了，他对她根本不是爱，只是想把她当作性伴侣。

一段感情，最后能不能修成正果，谁也说不准，在相处的过程中，两个人因为矛盾或者性格不合不欢而散是再正常不过的事情了。可如果在相处的过程中，一方付出真心，另一方虚伪无比，那就令人很恶心了。

真爱你的男人愿意为你付出时间和精力，以及他对爱情的所有温柔，而那些在感情里虚情假意的男人，他只不过是玩弄你的感情。所以，在相处的时候就要用心判断一个人对你到底是真心实意还是虚情假意，一旦发现他只是打着爱情的幌子来玩弄感情，就果断让他滚开。

小迪的男朋友典型的就是一个不想恋爱、不想结婚、只想和她玩弄感情的男人。

几个月前，公司组织了一场年中聚会，在会上小迪的部门同事向小迪介绍了他，他在技术部门上班，做程序工作，当天在大家的撮合下，两个人交换了联系方式。

接下来的几天，在他的邀请下，小迪和他一起吃了几顿饭，看了几场电影，她觉得眼前的这个技术男还不错，挺幽默的，也会说话。大概相处了一个月，他向小迪表白，其实那个时候小迪对他已经是好感满满，可以说万事俱备只欠他的表白了，很顺利地，两个人就成了情侣。

刚开始的时候，他对小迪还是蛮不错的，很周到也很体贴，有几次小迪加班，他做好她喜欢的饭菜开车送到公司给小迪，令同事羡慕不已。然而，好景不长，在一起大概有二十天，他要求与小迪同居，虽然小迪对他挺满意的，但并不想那么快就同居。

小迪拒绝了他，但答应他说："请你再给我一些时间，我好好考虑，我是爱你的，早晚都会与你同居，但现在还没准备好。"

当小迪向他说完上面那些话时，他彻底炸毛了，好像内心早已迫不及待地要和她同居，这时突然被拒绝，内心的欲望之火再也无法压制了。

接下来他对小迪说："不和我同居，那我要你干什么，在一起这么多天，我像伺候姑奶奶一样伺候你，我之前也谈过几次恋爱，从来都没有像对你这样对待她们，现在要求你同居，你还挺多事啊！给你一个选择，要不同居，要不分手！"

如此渣男真是让人大开眼界，还好小迪并不是那种离了男朋友就没法活的姑娘，她果断选择远离对方。

那些虚伪的男人，他和你在一起，肯定是没有耐心的，只要他的欲望得不到满足，他就会露出那副可怕的嘴脸。前面对你的好，一切都是套路，都是为后面做铺垫。虽然渣男很让人头疼，但不论到什么时候，我们身边还是好人多，朋友之间也好，恋人之间也罢，好的、善意的东西，总是会多于虚伪的、邪恶的东西。

我身边就有一对模范情侣，毫不夸张地说，我看着他们俩秀恩爱就有一种治愈感。

女生叫小易，她和她男朋友在一起快三年了，仍然像初恋一般，他对她呵护有加，她把她最温柔最体贴的一面给了他，两个人在一起这么久，基本上没有吵过架，更不用说什么背叛啊、出轨之类的事情。

前几天我在商场遇到他们俩，刚好那天他们领完证去商场买东西庆祝，简单地交谈几句，我了解到，男朋友对小易的爱，可以说是感天动地了。在日常的相处中，他能把小易的爱好记得清清楚楚，时常会给小易一些惊喜，各种节日纪念日他都会用心地为小易准备 party，他对她用心到极致，而且超有耐心。

如果有一个男人始终都愿意为你用心，能在点滴细节中表达对你的爱，那这样的男人，对你无疑是真爱。另外，小易说，爱人会特别尊重她，对她不感兴趣的事情，从来都不会强迫，这一点难能可贵。

只有那些真正爱你的男人，他才能做到发自内心地尊重你，给予你最大化的自主选择权。在嘴上说出“我爱你”三个字非常简单，但能不能将这三个字落地变成实实在在的行动，就能完全看出他对你是不是真心的。

爱与不爱，都在行动上，语言可以被违心地说出口，但在经过一定的时间之后，你完全可以通过一个人的行为来判断他对你到底怎么样。

真正爱你的人，他一定是有耐心的、愿意对你上心的、懂得在感情里尊重你的人。只有不是真正爱你的男人，才会拿出一堆下三烂的套路和虚伪的话语来蛊惑你。

对于这样的男人，一定不要心软，不管你有多么喜欢他，都不建议你和他再继续下去，或许你的主动能让这份感情苟延残喘得活下去，但绝对难以长久。

世上的万事万物，一切都遵循一个道理，真的假不了，假的真不了，真的才能永存，假的不会长久。

## 粗茶淡饭，你仍是我心尖上的公主 <<

年龄越大，对真爱的理解越简单。

以前觉着，真爱就是有那么一个人可以为了自己付出一切，对方能拿出很多很多时间陪着自己，会花很多很多心思和自己谈恋爱，会为了能让自己开心花很多很多钱，可现在觉得自己那种想法是比较自私的。毕竟脱离了感情，我们每个人都应该是独立的，不应该拿感情限制别人，也不能拿自己设定的感情标准去要求别人，更没有权力去得到对方的一切。

慢慢开始觉得真爱并没有太多的繁文缛节，而是简简单单的，和喜欢的人愉快地过上一辈子，正如我前面说的那样，年龄大了，对待感情的看法就会随之改变。

前段时间做了一个小小的调查，收集了二十岁、三十岁、四十岁的人对待真爱的理解，每一个年龄层收集十份答案。

二十岁的年轻人，他们觉得一段好的感情就应该轰轰烈烈，要趁年轻把世界上浪漫的事情都做一遍，不应该被未来局限，真爱就要大胆一些，真爱一个人就要勇敢地表达出来，爱就好好爱，不爱就果断分手。

而三十岁的人给出的答案就明显比二十岁的成熟很多，可能是因为他们经历了太多感情里的风风雨雨，也看淡了感情里的一些起伏，在他们看来，能遇到一个可以安安静静过日子的人才是最好的，两个人不求多浪漫，彼此心中有爱就够了。对于真爱，他们觉得就是一起吃饭、一起看剧、一起旅行、一起带小孩逛公园。

四十岁的人，他们就更加淡然了，四十而不惑，不论是男人还是女人，四十岁时他们都已经看清了爱恨情仇，在他们心里，更多的是家庭，爱当然也有，只不过没有了二十岁那种期待感，也没有了三十岁对未来的热情，平平淡淡，家人和和睦睦就是福。

你看，这就是时间的作用，它能彻底改变一个人，也能彻底改变人对真爱的理解和看法。你可能还不到三十岁，我们把时间轴旋转到当下，低下头好好看看眼前的路，对于爱情、对于生活，我们需要怎么做，怎么思考，才能一步一步达到四十岁的成熟？

不得不承认，女人在感情里往往是付出的最大者，当然不是说，男人都不如女人付出得多，只是相对来讲，女人对一段感情在乎得多一些。相对应地，女人在感情里的问题也就多一些，很多女人都在纠结："他到底爱不爱我？他爱我有几分？他对我是不是真爱？"

爱一个人的方式有很多种，可谈起真爱，或者说，作为判断一个男人对你是不是真爱这个问题来讲，我只说两个方面。

第一个方面要看的，就是他珍不珍惜你。或许很多人会不屑一顾地说："你这不是废话吗？"其实并不是这样，看似废话，但这一点往往能卡住很多人，卡住很多不懂得珍惜的男人。你对于这份感情的付出，以及在和他相处的过程中，你对他的爱，他有没有看在眼里记在心里，并以更多的爱来珍惜、呵护你？

如果答案是肯定的话，那他对你就是真爱。如果不是呢？

女人钟爱于男人，甚至视他如生命，一切都为了他着想，每天辛辛苦苦地帮他看护孩子、老人，做家务，甚至挣钱给他花，可到头来还是被伤害，对他而言，好像她的付出是理所当然的。

小雯的男朋友就是这样的一个人，她与他相识于公司年会，三个月之后在朋友的撮合下走到了一起。在恋爱的伊始，他对小雯百般疼爱，她对他也百依百顺，可是好景不长，在一起不到半年，他就像完全变了一个人，变得自私起来，他觉得小雯为他付出的一切都是理所应当的。

小雯爱得很深，面对性情大变的他，她一度忍让包容，因为潜意识里她觉得离开他自己再也找不到真爱了，正是这份真爱让男朋友抓住了小雯的“命脉”，所以更加不珍惜。

很明显，这样的男人已经不是当初的那个他了，现在的他绝对是不爱小雯的。

说真的，男人只会珍惜他真爱的女人，不然的话，他可能都意识不到你对他的爱，更别说珍惜了。

第二个方面，克制。

我所说的克制，不是单一方面。这种克制表现在他和你相处的过程中，他会克制自己的脾气，会克制人性中无法剔除的劣性，比如自私，比如懒惰，比如冷漠……

如果他真的爱你，他可以克制自己的欲望，他会尊重你，因为能克制住欲望，他才不会做出轨这类背叛你的事情。

可以看看身边的人，或者想想自己的前任，你就会明白，克制对于男人意味着什么，愿意为了女人而克制的男人很少，有则为真爱。

大霖就是一个很好的例子。他和他女朋友已经在一起五年了，从读本科的时候开始谈恋爱，如今两个人分隔两地，都在读研。他很爱她，在一起这五年，她说，他从来没有对她发过脾气，是从来都没有。然而在生活中，朋友都知道大霖是一个很暴躁的人，遇到一些不满意的事情经常大发雷霆，可就是这样的一个人，居然在女朋友面前把自己的脾气压了下去，这就是一种典型的克制。

再看看娱乐圈里的陈小春和应采儿。小春哥可是名副其实的大哥，但他在采儿姐面前那种温柔和体贴，大家都是有目共睹的，圈内圈外的人都非常羡慕他们，这也足以让我们看到小春哥在爱人的面前有多么克制。

有时候，我会想，一生只爱一个人真的既好幸运又好幸福啊。

对于男人来讲，外面那些花枝招展的女人，本质上和你的女朋友或妻子是一样的，而你的女朋友或妻子又因为爱情成为你的唯一，永远不要为了新鲜感而去放纵自己，不然的话，最后你将孤独到老，再也没有人愿意相信你。

人生中，一定会有很多很多的人说“我爱你”，但后来走着走着，曾经的诺言变成了笑柄，那些口口声声说爱你的人也会被时间带走，留下的那个人，只有他懂得珍惜你，懂得用心呵护你，懂得为了你而克制自己。

爱一个人，不要要求太多，什么家庭背景、财产，你可以考虑，但那不能成为左右你决心的原因。当真正懂得什么是真爱时，你就会明白，爱情很简单，平平淡淡才是真，你要的不多，但你要的他全给，这就已经很好了。

**图书在版编目（CIP）数据**

愿你一生努力，一生被爱 / 刘闯著. —北京：中国工人出版社，2018.9

ISBN 978-7-5008-7061-6

Ⅰ.①愿…　Ⅱ.①刘…　Ⅲ.①成功心理—青年读物　Ⅳ.①B848.4-49

中国版本图书馆CIP数据核字（2018）第207260号

愿你一生努力，一生被爱

| | |
|---|---|
| **出 版 人** | 王娇萍 |
| **责任编辑** | 葛忠雨 |
| **责任校对** | 董春娜 |
| **责任印制** | 黄　丽 |
| **出版发行** | 中国工人出版社 |
| **地　　址** | 北京市东城区鼓楼外大街45号　邮编：100120 |
| **网　　址** | http://www.wp-china.com |
| **电　　话** | （010）62005043（总编室）<br>（010）62005039（出版物流部）<br>（010）62379038（社科文艺分社） |
| **发行热线** | （010）62005049　（010）62005042（传真） |
| **经　　销** | 各地书店 |
| **印　　刷** | 三河市东方印刷有限公司 |
| **开　　本** | 880毫米×1230毫米　1/32 |
| **印　　张** | 7.25　　**插　页**　0.25 |
| **字　　数** | 140千字 |
| **版　　次** | 2018年10月第1版　2018年10月第1次印刷 |
| **定　　价** | 38.00元 |